TEXTBUCH

Stefan Preisig

Nur frisch, nur frisch gesungen...

Alte Volkslieder in Schweizer Mundart und Deutsch und zu Volksliedern gewordene Schlager und Mundarthits

Impressum

WILD 70017 / ISMN 979-0-2058-1650-6 / ISBN 978-3-906848-10-5
Liederauswahl, Konzeption und Bearbeitung: Stefan Preisig
Titelbild: Scherenschnitt von Klaus Berger
www.wild-verlag.ch

Zu diesem Singbuch

Vorliegendes Liederbuch ist wie jede Sammlung eine Auswahl. Es gibt hunderte, tausende, Millionen von Liedern.

Das Hauptkriterium für die Auswahl der Lieder war, dass sie einen grossen Bekanntheitsgrad bei der Deutschschweizer Bevölkerung haben.

Die Texte sind so geschrieben, dass man sie gut lesen kann. Auch bei der Mundartschreibung ist auf eine gute Lesbarkeit wert gelegt worden.

Übersichtlich ist die Darstellung auch, weil pro Seite nur ein Lied steht und der Text in Strophenform geschrieben ist.

Die *kursive* Schrift dient der besseren Aufgliederung des Schriftbildes, sei es zur Hervorhebung von Refrains und Wiederholungen oder zur Aufgliederung von Strophenzeilen.

Zu Gunsten eines ruhigeren Schriftbildes wird auf die Satzzeichen am Ende der Strophenzeilen weitgehend verzichtet.

Die Verfasser der Melodien und Texte der Lieder sind am Ende dieser Ausgabe aufgeführt.

Erklärungen

zu den Kanons

Die kleinen Zahlen über den Kanon-Liedzeilen entsprechen den Einsätzen der einzelnen Stimmen.

zu den Themenfussnoten

Auf jeder Seite unten rechts steht das Thema, welchem das entsprechende Lied zugeordnet ist. Ausser den Kanons und dem Thema Morgen/Abend sind alle Bereiche unter sich alphabetisch angeordnet, was die Liedersuche beim Blättern erleichtert.

Empfehlungen für Tonart und Anstimmton

Die Buchstaben auf den Liedertextseiten oben rechts sind Hilfestellungen beim Suchen der geeigneten Tonart zum Begleiten der Lieder bzw. zum Finden des geeigneten Anstimmtones.

Beispiel:
D (a)

Der *erste Buchstabe,* in unserem Beispiel das D, entspricht der Tonart des Klaviersatzes im Begleitbband, also D Dur (Dm würde D Moll bedeuten).

Mit wenigen Ausnahmen sind bei allen Liedern Tonart und Anfangsakkord identisch.

Beginnt also der Gitarrenspieler in unserem Beispiel mit dem D Dur Akkord zu begleiten, wird die Singstimme das zweigestrichene c'' nicht übersteigen. Das entspricht einer eher tiefen Stimmlage, was auch beim Singen mit Seniorinnen und Senioren von Vorteil ist.

Der *Buchstabe in der Klammer*, in unserem Beispiel das a, steht für den geeigneten Anstimmton und entspricht auch demjenigen des Klaviersatzes im Begleitband.

Beginnt man das Lied mit diesem Ton (im Beispiel das kleine a) zu singen, wird die Stimmlage nicht zu hoch sein. Zum Finden des entsprechenden Tones kann irgendein Instrument dienen.

Tonleiter mit allen Anstimmtönen

Selbstverständlich sind diese Empfehlungen unverbindlich und können je nach gesanglichen und instrumentalen Gegebenheiten nach unten oder oben angepasst werden.

Danke

Herzlichen Dank an die Bewohner, die Mitarbeiter und die freiwilligen Helfer der Alters- und Pflegeheime, in denen ich mit den Seniorinnen und Senioren singe.

Vielen Dank auch an Otto Spirig für Rat und Tat, Gerhard Halbig für die Herausgabe, Christian Schmid für die Korrektur der Mundartschreibung, Theres Lehmann für die Korrektur der Jodelschreibung sowie an Marianne für ihre Geduld und Liebe und an alle andern, die mich bei diesem Unternehmen unterstützt haben.

im Herbst 2013 Stefan Preisig

Inhaltsverzeichnis nach Themen

Kanons

Besinnung / Glauben

Morgen / Abend

Frühling

Sommer

Herbst

Winter

Bauern /Berufe

Inhaltsverzeichnis nach Alphabet

C (c′)

Vom Aufgang der Sonne

1 Vom Aufgang der Sonne 2

bis zu ihrem Niedergang

3 sei gelobet der Name des Herrn

4 sei gelobet der Name des Herrn

F (c″)

Leit uns in allen Dingen

1 Leit uns in allen Dingen

2 lass Rechtes uns vollbringen

3 tu uns treulich beraten

4 stärk uns zu guten Taten

D (a′)

Herr bleibe bei uns

1 Herr bleibe bei uns

2 denn es will Abend werden

3 und der Tag hat sich geneiget

Vom Aufgang der Sonne
Musik: Paul Ernst Ruppel / Text: Psalm 113.3

Leit uns in allen Dingen
Musik und Text: Adolf Seifert

Alles schweiget G (g)

[1] Alles schweiget, Nachtigallen
[2] locken mit süssen Melodien
Tränen ins Auge, Schwermut ins Herz
[3] locken mit süssen Melodien
Tränen ins Auge, Schwermut ins Herz

Danket, danket dem Herrn F (f′)

[1] Danket, danket dem Herrn
[2] denn er ist sehr freundlich
[3] seine Güt und Wahrheit
[4] währet ewiglich

Froh zu sein F (c″)

[1] Froh zu sein bed[2]arf es wenig
[3] und wer froh ist, [4] ist ein König

D (d')

Frère Jacques

1 Frère Jaques, frère Jaques
2 dormez-vous, dormez-vous?
3 Sonnez les matines, sonnez les matines
din din don, din din don

1 Bruder Jakob, Bruder Jakob
2 schläfst du noch, schläfst du noch?
3 Hörst du nicht die Glocke, hörst du nicht die Glocke
bim bam bum, bim bam bum

1 Sunnestrahle, Sunnestrahle
2 wei mir sy, wei mir sy
3 denn wirds schön uf Ärde, denn wirds schön uf Ärde
gly gly gly, gly gly gly

Em (e')

Hejo, spannt den Wagen an

1 Hejo, spannt den Wagen an
2 seht der Wind treibt Regen übers Land
3 holt die goldnen Garben
holt die goldnen Garben

C (g')

Am Brunnen vor dem Tore

1. Am Brunnen vor dem Tore, da steht ein Lindenbaum
ich träumt in seinem Schatten so manchen süssen Traum
Ich schnitt in seine Rinde so manches liebe Wort
es zog in Freud und Leide zu ihm mich immerfort
zu ihm mich immerfort

2. Ich musst auch heute wandern vorbei in tiefer Nacht
da hab ich noch im Dunkel die Augen zugemacht
Und seine Zweige rauschten, als riefen sie mir zu:
Komm her zu mir Geselle, hier findst du deine Ruh
hier findst du deine Ruh

3. Die kalten Winde bliesen mir grad ins Angesicht
der Hut flog mir vom Kopfe, ich wendete mich nicht
Nun bin ich manche Stunde entfernt von jenem Ort
und immer hör ich's rauschen: Du fändest Ruhe dort
du fändest Ruhe dort

G (d')

Die Gedanken sind frei

1. Die Gedanken sind frei, wer kann sie erraten?
Sie fliehen vorbei wie nächtliche Schatten
kein Mensch kann sie wissen, kein Jäger erschiessen
mit Pulver und Blei: die Gedanken sind frei

2. Ich denke, was ich will und was mich beglücket
doch alles in der Still und wie es sich schicket
mein Wunsch und Begehren kann niemand verwehren
es bleibet dabei: die Gedanken sind frei

3. Und sperrt man mich ein im finsteren Kerker
das alles sind rein vergebliche Werke
denn meine Gedanken zerreissen die Schranken
und Mauern entzwei: die Gedanken sind frei

4. Drum will ich auf immer den Sorgen entsagen
und will mich auch nimmer mit Grillen mehr plagen
man kann ja im Herzen stets lachen und scherzen
und denken dabei: die Gedanken sind frei

Die goldne Sonne

1. Die goldne Sonne, voll Freud und Wonne
bringt unsern Grenzen mit ihrem Glänzen
ein herzerquickendes, liebliches Licht
Mein Haupt und Glieder, die lagen darnieder
aber nun steh ich, bin munter und fröhlich
schaue den Himmel mit meinem Gesicht

2. Mein Auge schauet, was Gott gebauet
zu seinen Ehren und uns zu lehren
wie sein Vermögen sei mächtig und gross
Und wo die Frommen dann sollen hinkommen
wenn sie mit Frieden von hinnen geschieden
aus dieser Erde vergänglichem Schoss

3. Lasset uns singen, dem Schöpfer bringen
Güter und Gaben, was wir nur haben
alles sei Gotte zum Opfer gesetzt
Die besten Güter sind unsre Gemüter
vor ihn zu treten mit Danken und Beten
das ist ein Opfer, dran er sich ergötzt

4. Abend und Morgen sind seine Sorgen
segnen und mehren, Unglück verwehren
sind seine Werke und Taten allein
Wenn wir uns legen, so ist er zugegen
wenn wir aufstehen, so lässt er aufgehen
über uns seiner Barmherzigkeit Schein

C (g)

E gschänkte Tag

1. Wenn der Himmel voller Wulche steit
git es Tage, wo di nüt me freut
|: de vergiss im Läbe nie
dass alli Wulche witerzie :|

2. Bringt e ruuche Luft dir Froscht u Schnee
chasch di Wäg und ou dis Zyl nümm gseh
|: ja de chunnt doch mal die Zyt
wos wider Alperose git :|

3. Steit de d Sunne guldig übrem Tal
freu di drab u sing u jutz es mal
|: freu di dra, vergiss di Chlag
u dänk es sig e gschänkte Tag :|

Musik und Text: Adolf Stähli

C (e')

Freut euch des Lebens

Freut euch des Lebens
weil noch das Lämpchen glüht
pflücket die Rose
eh sie verblüht

1. Man schafft so gern sich Sorg und Müh
sucht Dornen auf und findet sie
und lässt das Veilchen unbemerkt
das uns am Wege blüht

Freut euch des Lebens . . .

2. Wenn scheu die Schöpfung sich verhüllt
und laut der Donner ob uns brüllt
so lacht am Abend nach dem Sturm
sie Sonne ach so schön

Freut euch des Lebens . . .

3. Wer Neid und Missgunst sorgsam flieht
Genügsamkeit im Gärtchen zieht
dem schiesst sie schnell zum Bäumchen auf
das goldne Früchte trägt

Freut euch des Lebens . . .

4. Wer Redlichkeit und Treue übt
und gern dem ärmeren Bruder gibt
da siedelt sich Zufriedenheit
so gerne bei ihm an

Freut euch des Lebens . . .

D (d')

Grosser Gott wir loben dich

1. Grosser Gott wir loben dich
Herr wir preisen deine Stärke
vor dir beugt der Erdkreis sich
und bewundert deine Werke
Wie du warst vor aller Zeit
so bleibst du in Ewigkeit

2. Alles was dich preisen kann
Kerubim und Serafinen
stimmen dir ein Loblied an
alle Engel, dir zu dienen
Rufen Tag und Nacht dir zu:
Heilig, heilig, Herr bist du

3. Herr, erbarm, erbarme dich
auf uns komme, Herr dein Segen
deine Güte zeige sich
allen der Verheissung wegen
Auf dich hoffen wir allein
lass uns nicht verloren sein

C (c')

Hab Sonne im Herzen

1. Hab Sonne im Herzen
ob's stürmt oder schneit
ob der Himmel voll Wolken
die Erde voll Streit
Hab Sonne im Herzen
dann komme was mag
das leuchtet voll Licht dir
den dunkelsten Tag

2. Hab ein Lied auf den Lippen
mit fröhlichem Klang
und macht auch des Alltags
Gedränge dich bang
Hab ein Lied auf den Lippen
dann komme was mag
das hilft dir verwinden
den einsamsten Tag

3. Hab ein Wort auch für andre
in Sorg und in Pein
und sag, was dich selber
so frohgemut lässt sein
Hab ein Lied auf den Lippen
verlier nie den Mut
hab Sonne im Herzen
und alles wird gut

Höch ob de letschte Matte (S Chilchli)

1. Höch ob de letschte Matte, dert steit ganz hert am Stei
es Chilchli, chly im Schatte, so einsam und elei
der Fels tuets treu beschütze, es lyt i Gottes Hand
am Sunntig lütet ds Glöggli und rüeft so häll i ds Land

|: bimbam, bimbam, duoli duoli duoli duoli o :|

2. Da chöme de die Manne mit wätterhertem Gsicht
die ruuche Händ tües zäme, nach alter Chrischtepflicht
da gseht me mängi Träne de Backe na zdürab
es tuet sech mänge gräme, will ds Schicksal z hert ihn schlat

bimbam...

3. So sitze si im Chilchli u chlage ihri Not
der Pfarrer tuet se tröschte mit mängem guete Wort
das isch für ihri Härze wie warme Sunnestrahl
u ds Glöggli tuets begleite i ds Dörfli zrügg i ds Tal

bimbam...

Musik und Text: Emil Grolimund

C (c')

Hört ihr Herrn und lasst euch sagen

1. Hört ihr Herrn und lasst euch sagen:
unsre Glock hat zehn geschlagen
zehn Gebote setzt Gott ein
gib, dass wir gehorsam sein
Menschenwachen kann nichts nützen
Gott muss wachen, Gott muss schützen
Herr, durch deine Güt und Macht
schenk uns eine gute Nacht

2. Hört ihr Herrn... unsre Glock hat elf geschlagen
elf der Jünger blieben treu, einer trieb Verräterei
Menschenwachen...

3. Hört ihr Herrn... unsre Glock hat zwölf geschlagen
zwölf, das ist das Ziel der Zeit, Mensch bedenk die Ewigkeit
Menschenwachen...

4. Hört ihr Herrn... unsre Glock hat eins geschlagen
ist nur ein Gott in der Welt, ihm sei alls anheimgestellt
Menschenwachen...

5. Hört ihr Herrn... unsre Glock hat zwei geschlagen
zwei Weg hat der Mensch vor sich, Herr, den rechten lehre mich
Menschenwachen...

6. Hört ihr Herrn... unsre Glock hat drei geschlagen
drei ist eins, was göttlich heisst, Vater, Sohn und heilger Geist
Menschenwachen...

7. Hört ihr Herrn... unsre Glock hat vier geschlagen
vierfach ist das Ackerfeld, Mensch wie ist dein Herz bestellt?
Alle Sternlein müssen schwinden
und der Tag wird sich einfinden
danket Gott, der uns die Nacht
hat so väterlich bewacht

A (a)

Im schönsten Wiesengrunde

1. Im schönsten Wiesengrunde, ist meiner Heimat Haus
da zog ich manche Stunde, ins Tal hinaus
|: dich mein stilles Tal, grüss ich tausendmal :|
da zog ich manche Stunde, ins Tal hinaus

2. Muss aus dem Tal jetzt scheiden, wo alles Lust und Klang
das ist mein herbstes Leiden, mein letzter Gang
|: dich mein stilles Tal, grüss ich tausendmal :|
das ist mein herbstes Leiden, mein letzter Gang

3. Sterb ich, in Tales Grunde will ich begraben sein
singt mir zur letzten Stunde beim Abendschein
|: dir, o stilles Tal, Gruss zum letzten Mal :|
singt mir zur letzten Stunde beim Abendschein

Lobe den Herren

1. Lobe den Herren, den mächtigen König der Ehren
lob ihn o Seele, vereint mit den himmlischen Chören
Kommet zu Hauf, Psalter und Harfe, wacht auf
lasset den Lobgesang hören

2. Lobe den Herren, der alles so herrlich regieret
der wie auf Flügeln des Adlers dich sicher geführet
Der dich erhält, wie es dir selber gefällt
hast du nicht dieses verspüret?

3. Lobe den Herren, der künstlich und fein dich bereitet
der dir Gesundheit verliehen, dich freundlich geleitet
In wie viel Not hat nicht der gnädige Gott
über dir Flügel gebreitet

4. Lobe den Herren, der sichtbar dein Leben gesegnet
der aus dem Himmel mit Strömen der Liebe geregnet
Denke daran, was der Allmächtige kann
der dir mit Liebe begegnet

5. Lobe den Herren, was in mir ist, lobe den Namen
lob ihn mit allen, die seine Verheissung bekamen
Er ist dein Licht; Seele, vergiss es ja nicht
lob ihn in Ewigkeit. Amen

Mys Müeti het mer brichtet

1. Mys Müeti het mir brichtet
chum wider einisch hei
|: es syg so ganz verlasse
es syg so ganz elei :|

2. U druuf so han i gschribe
ig heig jo chuum dr Zyt
|: heig eister z tüe u z schaffe
und s Heigoh syg so wyt :|

3. Doch einisch bin i gange
bi heicho s Wägli uuf
|: und s Müeti han i gfunde
elei im alte Huus :|

4. Elei im chlyne Stübli
wos Zyt steit a der Wand
|: am Fänschterli hets gschlofe
mys Briefli i der Hand :|

5. U gschlofe hets für immer
ig ha kes Müeti meh
|: Gottlob wird ig im Himmel
mys Müeti wider gseh :|

D (a')

Nun danket alle Gott

1. Nun danket alle Gott
mit Herzen, Mund und Händen
der grosse Dinge tut
an uns und aller Enden
der uns von Mutterleib
und Kindesbeinen an
unzählig viel zu gut
bis hierher hat getan

2. Der ewig reiche Gott
woll uns in unserm Leben
ein immer fröhlich Herz
und edlen Frieden geben
und uns in seiner Gnad
erhalten fort und fort
und uns aus aller Not
erlösen hier und dort

3. Lob, Ehr und Preis sei Gott
dem Vater und dem Sohne
und Gott dem Heilgen Geist
im höchsten Himmelsthrone
Ihm, dem dreieinen Gott
wie es am Anfang war
und ist und bleiben wird
so jetzt und immerdar

G (d')

Schön ist die Jugend

1. Schön ist die Jugend von zwanzig Jahren
schön ist die Jugend sie kommt nicht mehr
*|: Sie kommt, sie kommt, nicht mehr, auf ewig nimmermehr
schön ist die Jugend, sie kommt nicht mehr :|*

2. Es blühen Rosen, es blühen Nelken
es blüht ein Blümelein Vergissmeinnicht
*|: Drum sag ich's noch einmal: Schön sind die Jugendjahr
schön ist die Jugend, sie kommt nicht mehr :|*

3. Ein jeder Weinstock, der trägt auch Reben
und aus den Reben fliesst edler Wein
*|: Drum sag ich's noch einmal: Schön sind die Jugendjahr
schön ist die Jugend, sie kommt nicht mehr :|*

4. Wie zieht ein Bangen, ein süss Verlangen
ein leises Sehnen durch meine Brust
*|: Seh ich sie weiter ziehn und fort auf ewig fliehn
die Zeit der Jugend, die Zeit der Lust :|*

C (g')

So nimm denn meine Hände

1. So nimm denn meine Hände
und führe mich
bis an mein selig Ende
und ewiglich
Ich mag allein nicht gehen
nicht einen Schritt
wo du wirst gehn und stehen
da nimm mich mit

2. In dein Erbarmen hülle
mein schwaches Herz
und mach es gänzlich stille
in Freud und Schmerz
Lass ruhn zu deinen Füssen
dein armes Kind
es will die Augen schliessen
und glauben blind

3. Wenn ich auch gleich nichts fühle
von deiner Macht
du bringst mich doch zum Ziele
auch durch die Nacht
So nimm denn meine Hände
und führe mich
bis an mein selig Ende
und ewiglich

G (g′)

Unser Leben gleicht der Reise (Beresinalied)

1. Unser Leben gleicht der Reise
eines Wandrers in der Nacht
jeder hat in seinem Gleise
|: etwas, das ihm Kummer macht :|

2. Aber unerwartet schwindet
vor uns Nacht und Dunkelheit
und der Schwergedrückte findet
|: Linderung in seinem Leid :|

3. Mutig, mutig, liebe Brüder
gebt die bangen Sorgen auf
Morgen geht die Sonne wieder
|: freundlich an dem Himmel auf :|

4. Darum lasst uns weitergehen
weichet nicht verzagt zurück
hinter jenen fernen Höhen
|: wartet unser noch ein Glück :|

Wie lieblich schallt durch Busch und Wald

1. Wie lieblich schallt durch Busch und Wald
|: des Waldhorns süsser Klang :|
Der Wiederhall im Eichental
|: hallt's nach so lang, so lang :|

2. Und jeder Baum, im weiten Raum
|: dünkt uns wohl noch so grün :|
Es wallt der Quell wohl noch so hell
|: durch's Tal dahin, dahin :|

3. Und jede Brust fühlt neue Lust
|: beim frohen Zwillingston :|
Es flieht der Schmerz, aus jedem Herz
|: sogleich davon, davon :|

All Morgen ist ganz frisch und neu

1. All Morgen ist ganz frisch und neu
des Herren Gnad und grosse Treu
sie hat kein End den langen Tag
drauf jeder sich verlassen mag

2. Drum steht der Himmel Lichter voll
dass man zum Leben sehen soll
und es mög schön geordnet sein
zu Ehren Gott, dem Schöpfer dein

3. So hat der Leib der Augen Licht
dass er dadurch viel Guts ausricht
und seh auf Gott zu aller Frist
und merk, wie er so gnädig ist

4. O Gott, du schöner Morgenstern
gib uns, was wir von dir begehrn
zünd deine Lichter in uns an
lass uns an Gnad kein Mangel han

5. Treib aus, o Licht, all Finsternis
behüt uns Herr, vor Ärgernis
vor Blindheit und vor aller Schand
und reich uns Tag und Nacht dein Hand

6. Zu wandeln als am lichten Tag
damit, was immer sich zutrag
wir stehn im Glauben bis ans End
und bleiben von Dir ungetrennt

F (c')

Morge früe, wenn d Sunne lacht

1. Morge früe, wenn d Sunne lacht
und si alles luschtig macht
gahn i zue de Chüene use
la mers ob em Tau nit gruuse
by de Chüene uf der Weid
het der Senn sy Freud

jo jo jodulidu jodulidu jodulidu
jo jo jodulidu jodulidu dulidu

2. Has doch dänkt, es chömm derzue
dass i gäb en Chüejerbueb
uf de Bärge isch guet läbe
d Chüejer jutze nit vergäbe
by de Chüene uf der Weid
het der Senn sy Freud

jo jo jodulidu...

3. Chleb und Bösch und Spiess und Stärn
chömet här, i gsehn ech gärn
lueget nur, i ha kei Stäcke
i der Täsche han i z läcke
chömet, chömet alli zue
i ha Saches gnue

jo jo jodulidu...

Lueget vo Bärge und Tal

1. Lueget vo Bärge und Tal
fliet scho der Sunnestrahl
lueget uf Aue und Matte
wachse die dunkele Schatte
d Sunn uf de Bärge erstoht
|: o wie sy d Gletscher so rot :|

2. Lueget da abe a See
heimezue wändet si s Veh
loset wie d Glogge, die schöne
fründlich im Moos üs ertöne
Chüejerglüt, üseri Luscht
|: tuet is so wohl i der Bruscht :|

3. Still a de Bärge wirds Nacht
aber der Herrgott, dä wacht
gsehnd er sälb Stärnli dört schyne?
Stärnli, wie bisch du so fryne
gsehnd er am Näbel dört stohts
|: Stärnli, Gott grüess di, wie gohts :|

4. Loset, es seit is: Gar guet
het my nid Gott i der Huet?
Fryli, der Vater vo allne
laat mi gwüss währli nid falle
Vater im Himmel, dä wacht
|: Stärnli, liebs Stärnli, guet Nacht :|

Der Mond ist aufgegangen

1. Der Mond ist aufgegangen
die goldnen Sternlein prangen
am Himmel hell und klar
Der Wald steht schwarz und schweiget
und aus den Wiesen steiget
der weisse Nebel wunderbar

2. Wie ist die Welt so stille
und in der Dämmrung Hülle
so traulich und so hold
Als eine stille Kammer
wo ihr des Tages Jammer
verschlafen und vergessen sollt

3. Seht ihr den Mond dort stehen?
Er ist nur halb zu sehen
und ist doch rund und schön
So sind wohl manche Sachen
die wir getrost belachen
weil unsre Augen sie nicht sehn

4. So legt euch denn ihr Brüder
in Gottes Namen nieder
kalt ist der Abendhauch
Verschon uns Gott mit Strafen
und lass uns ruhig schlafen
und unsren kranken Nachbarn auch

Guter Mond, du gehst so stille

1. Guter Mond, du gehst so stille
durch die Abendwolken hin
deines Schöpfers weiser Wille
hiess auf jener Bahn dich ziehn
Leuchte freundlich jedem Müden
in das stille Kämmerlein
und dein Schimmer giesse Frieden
ins bedrängte Herz hinein

2. Guter Mond, du wandelst leise
an dem blauen Himmelszelt
wo dich Gott zu seinem Preise
hat als Leuchte hingestellt
Blicke traulich zu uns nieder
durch die Nacht aufs Erdenrund
als ein treuer Menschenhüter
tust du Gottes Güte kund

3. Guter Mond, so sanft und milde
glänzest du im Sternenmeer
wallest in dem Lichtgefilde
still und feierlich einher
Menschentröster, Gottesbote
der auf Friedenswolken thront
zu dem schönsten Morgenrote
führst du uns, o guter Mond

C (e')

Guten Abend, gut Nacht

1. Guten Abend, gut Nacht
mit Rosen bedacht
mit Nelken besteckt
schlupf unter die Deck
|: Morgen früh, wenn Gott will
wirst du wieder geweckt :|

2. Guten Abend, gut Nacht
von Englein bewacht
die zeigen im Traum
dir Christkindleins Baum
|: Schlaf nun selig und süss
schau im Traum `s Paradies :|

Die Blümelein sie schlafen

1. Die Blümelein sie schlafen
schon längst im Mondenschein
sie nicken mit dem Köpfen
auf ihren Stängelein
Es rüttelt sich der Blütenbaum
er säuselt wie im Traum:
Schlafe, schlafe, schlaf du, mein Kindelein

2. Die Vögelein sie sangen
so süss im Sonnenschein
sie sind zur Ruh´gegangen
in ihre Nestlein klein
Das Heimchen in dem Ährengrund
es tut allein sich kund:
Schlafe, schlafe, schlaf du, mein Kindelein

3. Sandmännchen kommt geschlichen
und guckt durchs Fensterlein
ob irgend noch ein Liebchen
nicht mag zu Bette sein
Und wo es nur ein Kindchen fand
streut es ins Aug´ ihm Sand
Schlafe, schlafe, schlaf du, mein Kindelein

Die Nacht ist ohne Ende

1. Die Nacht ist ohne Ende
der Himmel ohne Stern
die Strasse ohne Wende
und was wir lieben fern

ah ah ah ah

2. Gebeugte Rücken tragen
die harte, schwere Last
und müde Schritte fragen:
Wann endlich kommt die Rast?

ah ah ah ah

3. Wann scheint die Sonne wieder
wann wird es hell und licht
wann fällt der Kummer nieder
wann drückt die Not uns nicht?

ah ah ah ah

4. Geduld, es wird sich wenden
verlasst euch fest darauf
in Gottes weisen Händen
liegt aller Welten Lauf

ah ah ah ah

C (c')

Alle Vögel sind schon da

1. Alle Vögel sind schon da, alle Vögel, alle
welch ein Singen, Musiziern
Pfeifen, Zwitschern, Tiriliern
Frühling will nun einmarschiern, kommt mit Sang und Schalle

2. Wie sie alle lustig sind, flink und froh sich regen
Amsel, Drossel, Fink und Star
und die ganze Vogelschar
wünschen dir ein frohes Jahr, lauter Heil und Segen

3. Was sie uns verkünden nun, nehmen wir zu Herzen
wir auch wollen lustig sein
lustig wie die Vögelein
hier und dort, Feld aus, Feld ein, singen springen, scherzen

D (a')

Alles neu macht der Mai

1. Alles neu macht der Mai
macht die Seele frisch und frei
lasst das Haus, kommt hinaus
windet einen Strauss
Rings erglänzet Sonnenschein
duftend prangen Flur und Hain
Vogelsang, Hörnerklang
tönt den Wald entlang

2. Wir durchziehn Saaten grün
Haine, die ergötzend blühn
Waldespracht, neu gemacht
nach des Winters Nacht
Dort im Schatten an dem Quell
rieselnd munter silberhell
Klein und Gross ruht im Moos
wie im weichen Schoss

3. Hier und dort, fort und fort
wo wir ziehen Ort für Ort
alles freut sich der Zeit
die verschönt, erneut
Stimmet Jubellieder an
singe jeder, wie er kann
alles neu, frisch und frei
macht der holde Mai

D Zyt isch do

1. D Zyt isch do, d Zyt isch do
singts uf em Nussboum scho, Gugguu
d Zyt isch do, d Zyt isch do
singts uf em Nussboum scho
|: Singts uf em Schleedornhag
singts was es singe mag
s isch Meietag
s isch Meietag :|

2. S Härz das singt: Lang scho do
d Liebi frogt nüt derno, Gugguu
s Härz das singt: Lang scho do
d Liebi frogt nüt derno
|: Loub am Boum und Schnee im Hag
s Härz, das isch gäng parat
zum Meietag
zum Meietag :|

Der Früelig isch ou scho uf d Bärge cho

1. Der Früelig isch ou scho uf d Bärge cho
er het vom Hüttli der Schnee wäggno
der Gugger het gschroue, er isch so froh
der Mei, der Mei isch cho

jo holi holi holi ho
jetz cha de üsers Veh scho go
ho holi holi holi ho
jetz cha de s Veh scho go

2. Und wien er so stoht in syner Pracht
die Chrütli, die Blüemli sy ou erwacht
die Sennerin singt: I bi so froh
der Mei, der Mei isch cho

jo holi holi holi ho...

3. Do rüeft si em luschtige Sennebueb
er johlet u jutzet den Alpe zue:
Läb wohl, du Tal, das i meide soll
i scheide rächt freudevoll

jo holi holi holi ho...

C (c')

Der Mai ist gekommen

1. Der Mai ist gekommen, die Bäume schlagen aus
da bleibe wer Lust hat mit Sorgen zu Haus
Wie die Wolken dort wandern am himmlischen Zelt
so steht auch mir der Sinn in die weite, weite Welt

2. Die Sonne sie bleibet am Himmel nicht stehn
es treibt sie durch Länder und Meere zu gehn
Die Woge nicht haftet am einsamen Strand
die Ströme, sie brausen mit Macht durch das Land

3. Mit eilenden Wolken der Vogel dort zieht
und singt in der Ferne sein heimatlich Lied
So treibt es den Wandrer durch Wälder und Feld
zu gleichen der Mutter, der wandernden Welt

Der Uschtig wott cho

1. Der Uschtig wott cho, der Schnee zergeit scho
der Himmel isch blaue; der Gugger het gschroue
der Meie syg cho, *aliaho aliaho aliaho aliaho aliaho*

Luschtig use usem Stall mit de loube Chüene
üsi schöni Zyt isch cho, Luscht u Freiheit wartet scho
dinne uf de Flüene, *Aho, aliho*

tralala la la la la tralala la tralala tralalalala
tralala la la la la tralala la tralala tralala

3. Mängs Vögeli singt; mängs Büebeli springt
u jutzet u johlet, im Grüene u drohlet
u ds Meiteli singt, *aliaho aliaho aliaho aliaho aliaho*

Gät di grosse Treichle här u di chlyne Schälle
schöner tönt im Uschtig nüt, as es luschtigs Chüejerglüt
une Chüejergälle, *Aho, aliho*
tralala...

6. Hoh! Sä, sä! Hoh, hoh! Löt süferli cho!
Sy alli vom Bahre? So wei mer denn fahre
die Grosse gah scho, *aliaho aliaho aliaho aliaho aliaho*

Bhüet ech Gott, ihr Buurelüt, mir wei jitze scheide
dankit Gott, u zürnet nüt! Löt die ruuche Chüejerlüt
ja nech nit verleide! *Aho, aliho*
tralala...

C (g)

Es tönen die Lieder

1. Es tönen die Lieder
der Frühling kehrt wieder
es spielet der Hirte
auf seiner Schalmei:

|: tra la la la la la la la la :|

2. Die Buchfinklein lüpfen
die Flügel und hüpfen
und tänzeln und schwänzeln
im Nestlein herum:

|: zi zi will will will will ze speuzia :|

3. Die Bienelein summsen
so selig und brummsen
sie saugen sich Honig
aus Blüten so süss:

|: sum sum sum sum sum sum sum sum sum :|

D (a

Grüss Gott, du schöner Maien

1. Grüss Gott, du schöner Maien
da bist du wiederum hier
tust jung und alt erfreuen
mit deiner Blumenzier
Die lieben Vöglein alle
sie singen all so hell
Frau Nachtigall mit Schalle
hat die fürnehmste Stell

2. Die kalten Wind verstummen
der Himmel ist gar blau
die lieben Bienlein summen
daher auf grüner Au
O holde Lust im Maien
da alles neu erblüht
du kannst mich sehr erfreuen
mein Herz und mein Gemüt

Komm lieber Mai

1. Komm lieber Mai und mache
die Bäume wieder grün
und lass mir an dem Bache
die kleinen Veilchen blühn
Wie möcht ich doch so gerne
die Veilchen wieder sehn
ach, lieber Mai, wie gerne
einmal spazieren gehen

2. Ach, wenn's doch erst gelinder
und grüner draussen wär
komm lieber Mai wir Kinder
wir bitten dich gar sehr
O komm und bring vor allem
uns viele Veilchen mit
bring auch viel Nachtigallen
und schöne Kuckucks mit

D (a')

Kuckuck, Kuckuck rufts aus dem Wald

1. Kuckuck, Kuckuck, rufts aus dem Wald
lasset uns singen
tanzen und springen
Frühling, Frühling wird es nun bald

2. Kuckuck, Kuckuck, lässt nicht sein Schrein
komm in die Felder
Wiesen und Wälder
Frühling, Frühling, stelle dich ein

3. Kuckuck, Kuckuck, trefflicher Held
was du gesungen
ist dir gelungen
Winter, Winter räumet das Feld

A (e')

Leise zieht durch mein Gemüt

1. Leise zieht durch mein Gemüt
liebliches Geläute
klinge, kleines Frühlingslied
kling hinaus ins Weite

2. Zieh hinaus bis an das Haus
wo die Veilchen spriessen
wenn du eine Rose schaust
sag, ich lass sie grüssen

La Pastorella

C (g)

Es war an einem Frühlingstag, es grünte schon
wie neu war die Welt
der Winter hat sein Abschiedslied
beim Wind bestellt
Die Schäferin von Val Gardena zog allein
hinauf in das Land
dort, wo sie einen Sommer lang
die Ruhe fand

La Pastorella ist so jung und schön
und viel zu lang allein auf Bergeshöhn
die Liebe ist kein Spiel der Ewigkeit
drum schenk ihr jeden Tag von deiner Zeit
La Pastorella, die so jung und schön
wird eines Tages auch verstehn

Er hat gesagt: Ich wart auf dich, der Herbst kommt bald
und dann wirst du mein
und wirst ein ganzes Leben lang
nur glücklich sein
Sie schaut ins grüne Tal zurück, und denkt an ihn
und fühlt, es wird wahr
sie wird für immer bei ihm sein
im nächsten Jahr

La Pastorella ist so jung und schön…

Musik und Text: Walter Geiger / Robert Jung

L'inverno l'è passato

1. L'inverno l'è passato
l'aprile non c'è più
è ritornato il maggio
col canto del cucù

|:Cucù! Cucù, l'aprile non c'è più
e ritornato il maggio
col canto del cucù :|

2. Lassù per le montagne
la neve non c'è più
comincia a far il nido
il povero cucù

Cucù! Cucù...

3. La bella alla finestra
la guarda in su e in giù
aspetta il fidanzato
al canto del cucù

Cucù! Cucù...

4. Te l'ho pur sempre detto
che maggio ha la virtù
di far sentir l'amore
al canto del cucù

Cucù! Cucù...

Lueg use, der Winter isch uuf und dervo

1. *|: Lueg use, der Winter isch uuf und dervo :|*
im Sunneschyn zmittse
jetz d Vögeli sitze
|: und pfyffen em no :|

2. *|: Mach uuf a dim Härzli au s Lädeli bald :|*
und d Sunne lass schyne
drin yne, tief yne
|: in hinderschte Falt :|

3. *|: D Spinnhupe fäg use, de Staub und de Ruess :|*
gschwind mach di derhinder
der Winter, der Winter
|: jetz bald use mues :|

4. *|: Und d Sunne, jo d Sunne isch Mäischter im Huus :|*
und was re im Wäg stoht
wirf, wenns suscht käi Wäg goht
|: zum Fänschterli us :|

Nun will der Lenz uns grüssen

1. Nun will der Lenz uns grüssen
von Mittag weht es lau
aus allen Ecken spriessen
die Blumen rot und blau
Draus wob die braune Heide
sich ein Gewand gar fein
und lädt im Festtagskleide
zum Maientanze ein

2. Waldvöglein Lieder singen
wie ihr sie nur begehrt
drum auf zum frohen Springen
die Reis ist Goldes wert
Hei, unter grünen Linden
da leuchten weisse Kleid
heija, nun hat uns Kinden
ein End all Wintersleid

Roti Rösli im Garte

1. Roti Rösli im Garte
Meierysli im Wald
wänn de Wind chunt cho blase
so verwelked si bald

2. Chlyni Fischli im Wasser
grossi Fische im Meer
hei lueg wie si gumped
und schwümed juhee

3. Liebi Sunne chum füre
liebi Sunne chum bald
das mir chönd go spaziere
über Wise und Wald

G (d')

Schöner Frühling, komm doch wieder

1. Schöner Frühling, komm doch wieder
lieber Frühling, komm doch bald
bring uns Blumen, Laub und Lieder
schmücke wieder Feld und Wald
|: la lalala lalala lala la la lalala :|

2. Auf die Berge möcht ich fliegen
möchte sehn ein grünes Tal
möcht in Gras und Blumen liegen
und mich freun am Sonnenstrahl
la lalala...

3. Möchte hören die Schalmeien
und der Herden Glockenklang
möchte freuen mich im Freien
an der Vögel süssem Sang
la lalala...

C (g')

Wenn d Schneeballe blüejet im Mai

1. Wenn d Schneeballe blüejet im Mai
o da möcht i währli hei, da möcht i hei, da möcht i hei
üse Füürbusch dört im Garte
müesst ja mit sym Blüeje warte
und der grasgrüen Chruslehag
dänk i gang, dänk i gang, dänk i gang am Uffahrtstag

2. Wenn de d Schwalbe nischte wei
o da möcht i währli hei, da möcht i hei, da möcht i hei
üsi Schwalbe unterm Dächli
näbem Nussbaum ruscht nos Bächli
ach i ghöres allizyt
und s isch doch, und s isch doch, und s isch doch so grüüsli wyt

3. Unterm Räblaub, s isch e Pracht
han i färn es Bänkli gmacht, es Bänkli gmacht, es Bänkli gmacht
sitzt der Ätti dört am Abe
um z erchüele nam Fürabe
und dänkt sicher o a mi
Ätti chönnt, Ätti chönnt, Ätti chönnt i bi der sy

4. Läbt doch o mys Müeti no
Gott sei Dank wie bin i froh, wie bin i froh, wie bin i froh
Heimet, du bisch nit z besinge
s Härz möcht mir vor Freud verspringe
wenn d Schneeballe blüejt im Mai
o da muess, o da muess, o da muess i währli hei

F (c')

An einem Sommermorgen

1. An einem Sommermorgen
da nimm den Wanderstab
es fallen deine Sorgen
wie Nebel von dir ab
trala lalalalalalala
trala lalalalala
es fallen deine Sorgen
wie Nebel von dir ab

2. Des Himmels heitre Bläue
lacht dir ins Herz hinein
und schliesst wie Gottes Treue
mit seinem Dach dich ein
trala lalalalalalala
trala lalalalala
und schliesst wie Gottes Treue
mit seinem Dach dich ein

3. Rings Blüten nur und Triebe
und Halm, vom Segen schwer
dir ist's als zög die Liebe
des Weges nebenher
trala lalalalalalala
trala lalalalala
dir ist's als zög die Liebe
des Weges nebenher

Chumm mir wei ga Chrieseli gwinne

1. Chumm mir wei ga Chrieseli gwinne
weiss am en Ort gar grüüseli vil
roti, schwarzi, gibeligäli
zwöi und drü an einem Stil

falleri fallera falleri fallera
zwöi und drü an einem Stil

2. S lyt nid alls an einem Paar Hose
s lyt nid alls an einem Paar Schue
s isch nid alls a der Hübschi geläge
s lyt vil meh am Ordeli-tue

falleri...

3. Bi nid rych uf diser Ärde,
bi nid hübsch von Angesicht
s mues mer doch o Eini (Eine) wärde
Gott verlaat di Wüeschte nid

falleri...

C (g')

Geh aus mein Herz und suche Freud

1. Geh aus mein Herz und suche Freud
in dieser lieben Sommerzeit
an deines Gottes Gaben
schau an der schönen Gärten Zier
und siehe wie sie mir und dir
|: sich ausgeschmücket haben :|

2. Die Bäume stehen voller Laub
das Erdreich decket seinen Staub
mit einem grünen Kleide
Narzissus und die Tulipan
die ziehen sich viel schöner an
|: als Salomonis Seide :|

3. Die Lerche schwingt sich in die Luft
das Täublein fliegt aus seiner Kluft
und macht sich in die Wälder
die hochbegabte Nachtigall
ergötzt und füllt mit ihrem Schall
|: Berg, Hügel, Tal und Felder :|

4. Ich selber kann und mag nicht ruhn
des grossen Gottes grosses Tun
erweckt mir alle Sinnen
ich singe mit, wenn alles singt
und lasse was dem Höchsten klingt
|: aus meinem Herzen rinnen :|

S wott aber e luschtige Summer gä

1. S wott aber e luschtige Summer gä
die Buebe salbe d Schue
mit Trummle und mit Pfyffe
wei si däm Mailand zue, olieh
mit Trummle und mit Pfyffe
wei si däm Mailand zue

Ach, Hansli, blyb doch hie
süsch han i Längizyt
was wosch ou i das Mailand zie
das isch ja gar so wyt, olieh
was wosch ou i das Mailand zie
das isch ja gar so wyt

2. Und wenn das Mailand wyter wär
vil hundert Stund vo hie
mit Trummle und mit Pfyffe
wei jetz die Buebe zie, olieh
mit Trummle und mit Pfyffe
wei jetz die Buebe zie

Ach, Hansli, blyb doch hie...

3. Wenns aber e luschtige Summer git
hebts kei Bueb me bim Schatz
im Rosegarte z Mailand
hets no für mänge Platz, olieh
im Rosegarte z Mailand
hets no für mänge Platz

Ach, Hansli, blyb doch hie...

Weisst du wie viel Sternlein stehen

1. Weisst du, wie viel Sternlein stehen
an dem blauen Himmelszelt?
Weisst du, wie viel Wolken gehen
weithin über alle Welt?
Gott, der Herr, hat sie gezählet
dass ihm auch nicht eines fehlet
|: an der ganzen grossen Zahl :|

2. Weisst du, wie viel Mücklein spielen
in der heissen Sonnenglut?
Wie viel Fischlein auch sich kühlen
in der hellen Wasserflut?
Gott, der Herr, rief sie mit Namen
dass sie all ins Leben kamen
|: dass sie nun so fröhlich sind :|

3. Weisst du, wie viel Kinder frühe
stehn aus ihren Bettlein auf?
Dass sie ohne Sorg und Mühe
fröhlich sind im Tageslauf?
Gott im Himmel hat an allen
seine Lust, sein Wohlgefallen
|: kennt auch dich und hat dich lieb :|

Ach, wie churzen üsi Tage

1. Ach, wie churzen üsi Tage
ach, wie fliet die schöni Zyt
alle Flüene möcht is chlage
was mer schwär am Härze lyt
Ig u d Chnabe müessen abe
vom liebe Bärg i ds Tal
un es isch so schön hie obe
schöner chuum i ds Chünigs Saal

2. Üses Gresli isch verschwunde
üsi schöne Mejen o
d Buebe hei vom Tal dert unde
scho Chiltblueme mit ne gno
Ach, ihr Chnabe, aben abe
es blanget d Chüe eismal
s isch kei Nahrig meh hie obe
aber Heu, gottlob, im Tal

5. Üses Mulche het brav gulte
üsi Chüe si glatt u feiss
üses Senntum blybt ungschulte
we me d Sach versteit u weiss
Fröhlich abe, drum, ihr Chnabe
är jutzt zum letschte Mal
rächti Chüejerslüt si fröhlich
uf em Bärg un o im Tal

Bunt sind schon die Wälder

1. Bunt sind schon die Wälder
gelb die Stoppelfelder
und der Herbst beginnt
Rote Blätter fallen
graue Nebel wallen
kühler weht der Wind

2. Wie die volle Traube
an dem Rebenlaube
purpurfarbig strahlt
Am Geländer reifen
Pfirsiche mit Streifen
rot und weiss bemalt

3. Flinke Träger springen
und die Mädchen singen
alles jubelt froh
Bunte Bänder schweben
zwischen hohen Reben
auf dem Hut von Stroh

4. Geige tönt und Flöte
bei der Abendröte
und im Mondesglanz
junge Winzerinnen
winken und beginnen
frohen Erntetanz

F (c')

Das Laub fällt von den Bäumen

1. Das Laub fällt von den Bäumen
das zarte Sommerlaub
|: das Leben mit seinen Träumen
zerfällt in Asch und Staub :|

2. Die Vöglein traulich sangen
wie schweigt der Wald jetzt still
|: die Lieb ist fortgegangen
kein Vöglein singen will :|

3. Die Liebe kehrt wohl wieder
im künftgen lieben Jahr
|: und alles tönt dann wieder
was hier verklungen war :|

4. Der Winter sei willkommen
sein Kleid ist rein und neu
|: den Schmuck hat er genommen
den Keim bewahrt er treu :|

Rote Wolken am Himmel

1. Rote Wolken am Himmel
in den Bergen der Föhn
|: und ich freu mich und ich freu mich
ist der Morgen so schön :|

2. Rote Rosen am Hügel
rote Beeren am Hag
|: und ich freu mich, und ich freu mich
am sonnigen Tag :|

3. Und sie sagen der Herbst kommt
und das Laub fällt vom Baum
|: und die Freude ja die Freude
verweht wie ein Traum :|

4. Ob der Herbst kommt, der Winter
weiss ich dennoch ein Glück
|: denn ein jeder neue Frühling
bringt die Rosen zurück :|

Es schneielet, es beielet

1. *Es schneielet, es beielet*
es geit e chüele Wind
u d Meitschi lege d Händsche a
u d Buebe loufe gschwind

2. *Es schneielet, es beielet*
es geit e chüele Wind
es früüred alli Vögeli
u alli arme Chind

3. *Es schneielet, es beielet*
es geit e chüele Wind
i ha es Stückli Brot im Sack
das ghört am ermschte Chind

4. *Es schneielet, es beielet*
es geit e chüele Wind
es flüge wyssi Vögeli
ufs Chäppli jedem Chind

D (d')

I Mueters Stübeli

1. I Mueters Stübeli da geit der hm hm hm
i Mueters Stübeli da geit der Wind

2. Mues fasch verfrüre vor luter hm hm hm
mues fasch verfrüre vor luter Wind

3. I ha keis Hemmli a und du kei hm hm hm
i ha keis Hemmli a und du kei Strümpf

4. Mir wei ga bättle, mir si ja hm hm hm
mir wei ga bättle, mir si ja zwöi

5. Du nimmsch de Bättelsack und i de hm hm hm
du nimmsch de Bättelsack und i der Chorb

6. Du steisch vors Lädeli und i vor d hm hm hm
du steisch vors Lädeli und i vor d Tür

7. Du kriegsch es Öpfeli und i e hm hm hm
du kriegsch es Öpfeli und i e Birr

8. Du stecksch de Späck in Sack und i de hm hm hm
du stecksch de Späck in Sack und i de Ank

9. Du seisch: Vergält is Gott und i säg hm hm hm
du seisch: Vergält is Gott und i säg Dank

G (h')

Leise rieselt der Schnee

1. Leise rieselt der Schnee
still und starr liegt der See
weihnachtlich glänzet der Wald
freue dich, Christkind kommt bald

2. In dem Herzen ist's warm
still schweigt Kummer und Harm
sorge des Lebens verhallt
freue dich, Christkind kommt bald

3. Bald ist heilige Nacht
Chor der Engel erwacht
hört nur, wie lieblich es schallt
freue dich, Christkind kommt bald

Schneewalzer

1. Immer wieder denk ich dran
wann für uns das Glück begann
nicht im Sommer, nicht im Mai
nicht im Herbst beim Duft vom Heu

Nein, es war zur Winterszeit
es war kalt und hat geschneit
doch im Saal, da tanzten wir
und ich sagte verliebt zu dir:

Ja den Schnee-, Schnee-, Schnee-
Schneewalzer tanzen wir
ich mit dir und du mit mir

Ja beim Schnee-, Schnee-, Schnee-
Schneewalzer Arm in Arm
wird dir und mir auch im Winter so wohlig warm

2. Und wenn rot die Rosen blühn
und die Wiesen sind so grün
und der Mond sieht unser Glück
denk ich oft und gern zurück

an den Schnee im Januar
als die Welt verzaubert war
bei dem ersten Tanz mit dir
und dann singst du wie einst mit mir:

Ja den Schnee...

D (fis')

Winter ade, scheiden tut weh

1. *Winter ade*
scheiden tut weh
aber dein Scheiden macht
dass mir das Herze lacht
Winter ade
scheiden tut weh

2. *Winter ade*
scheiden tut weh
gerne vergess ich dein
kannst immer ferne sein
Winter ade
scheiden tut weh

3. *Winter ade*
scheiden tut weh
gehst du nicht bald nach Haus
lacht dich der Kuckkuck aus
Winter ade
scheiden tut weh

Da höch uf de Alpe

1. Da höch uf de Alpe
däm Hüttli nid färn
da hüet i mys Geissli
da bin i so gärn

|: lalala lalalala la
lalalala la lalalala la :|

2. Da lacht mir dr Himmel
hoch über em Schnee
und Matte voll Blüemli
so schön is will gseh

la la la...

3. Da sitz i bi Blüemli
das gfallt mer so guet
i günn mer es Strüssli
und stecks uf der Huet

la la la...

4. I lose wie d Vögeli
singe im Wald
und wie a der Felswand
der Jodel erschallt

la la la...

C (g)

Dei oben uf em Bärgli

1. Dei oben uf em Bärgli
stoht e bruuni Häidelidomm
dei oben uf em Bärgli
stoht e bruuni Chue

diritomdee diritomdee
häidelidomm, s hets niemert gseh
diritomdee diritomdee
häidelidomm domm domm

2. Ond wenn si d Schwyzer mölchid
luegid d Schwobe Häidelidomm
ond wenn si d Schwyzer mölchid
luegid d Schwobe zue

diritomdee...

3. De Seppli sött go mölche
ond ischt em ou nüd Häidelidomm
de Seppli sött go mölche
ond ischt em ou nüd dromm

diritomdee...

4. Er stöllt de Chöbel uf d Syte
ond tanzet mit der Häidelidomm
er stöllt de Chöbel uf d Syte
ond tanzet mit der Magd

diritomdee...

Es klappert die Mühle am rauschenden Bach

1. Es klappert die Mühle am rauschenden Bach
klipp klapp
bei Tag und bei Nacht ist der Müller stets wach
klipp klapp
er mahlet das Korn zu dem kräftigen Brot
und haben wir solches so hat's keine Not
|: klipp klapp, klipp klapp, klipp klapp :|

2. Flink laufen die Räder und drehen den Stein
klipp klapp
und mahlen den Weizen zu Mehl uns so fein
klipp klapp
und was mit dem Mehle die Mutter dann tut
das wissen die Kinder und merken sich's gut
klipp klapp, klipp klapp...

3. Wenn reichliche Körner das Ackerfeld trägt
klipp klapp
die Mühle dann flink ihre Räder bewegt
klipp klapp
und schenkt uns der Himmel nur immer das Brot
so sind wir geborgen und leiden nicht Not
klipp klapp, klipp klapp...

Gang rüef de Bruune

1. Gang rüef de Bruune, gang rüef de Geele
si söled allsam, si söled allsam
Gang rüef de Bruune, gang rüef de Geele
si söled allsam in Stall ie cho

sennele hoia ho, sennele hoia ho
sennele hoia ho, sennele hoia ho
sennele hoia ho, sennele hoia ho
sennele hoia, hoia ho

2. Gang rüef de Gschäggete, gang rüef de Gfläckete
si söled allsam, si söled allsam...

sennele hoia ho ...

3. Gang rüef de Wysse, gang rüef de Schwarze
si söled allsam, si söled allsam...

sennele hoia ho ...

Im Märzen der Bauer

1. Im Märzen der Bauer die Rösslein anspannt
er setzt seine Felder und Wiesen instand
Er pflüget den Boden er egget und sät
und rührt seine Hände frühmorgens bis spät

2. Die Bäurin, die Mägde sie dürfen nicht ruhn
sie haben im Haus und im Garten zu tun
Sie graben und rechen und singen ein Lied
und freun sich, wenn alles schön grünet und blüht

3. So geht unter Arbeit das Frühjahr vorbei
dann erntet der Bauer das duftende Heu
Er mäht das Getreide, dann drischt er es aus
im Winter, da gibt es manch herrlichen Schmaus

G (d')

Im Wald und auf der Heide

1. Im Wald und auf der Heide
da such ich meine Freude
ich bin ein Jägersmann, ich bin ein Jägersmann
Den Wald und Forst zu hegen
das Wildbret zu erlegen
das ist, was mir gefällt, das ist, was mir gefällt
|: hali hallo, hali hallo, das ist, was mir gefällt :|

2. Das Huhn im schnellen Fluge
die Schnepf im Zickzackzuge
treff ich mit Sicherheit, treff ich mit Sicherheit
Die Hasen, Reh und Hirsche
erleg ich auf der Pirsche
der Fuchs lässt mir sein Kleid, der Fuchs lässt mir sein Kleid
|: halli, hallo, halli hallo, der Fuchs lässt mir sein Kleid :|

3. So zieh ich durch die Wälder
so eil ich durch die Felder
wohl hin den ganzen Tag, wohl hin den ganzen Tag
Dann fliehen meine Stunden
gleich flüchtigen Sekunden
eil ich dem Wilde nach, eil ich dem Wilde nach
|: halli hallo, halli hallo, eil ich dem Wilde nach :|

4. Wenn sich die Sonne neiget
der düstre Nebel steiget
das Tagwerk ist getan, das Tagwerk ist getan
Dann kehr ich von der Heide
zur häuslich stillen Freude
als froher Jägersmann, als froher Jägersmann
|: halli hallo, halli hallo, als froher Jägersmann :|

Mir Senne heis luschtig

1. Mir Senne heis luschtig, mir Senne heis guet
hei Chäs und hei Anke, das git üs guets Bluet
hudriija holeleie, hudriija holeleie, hudriija holeleie
hudriija holio

2. Am Morge bim Mälche, am Tag uf der Weid
wird gsunge und gjolet, es isch halt e Freud
hudriija holeleie...

3. Und chum ig zur Hütte, rüeft s Bethli mir zue:
Chum hurtig mi Hansli, wie lang machsch ou du?
hudriija holeleie...

4. U nes Spinnrad, u ne Bettstatt, u ne gschäggeti Chue
das git mir my Ätti, wenn i hürate tue
hudriija holeleie...

5. Und e nigelnagelneus Hüüsli und e nigelnagelneus Dach
und e nigelnagelneus Fänschter mit Hudle vermacht
hudriija holeleie...

6. Myn Schatz isch im Wallis und ig im Tirol
er handlet mit Chabis und ig mit Petrol
hudriija holeleie...

C (c')

Mit dem Pfeil, dem Bogen

1. Mit dem Pfeil, dem Bogen, durch Gebirg und Tal
kommt der Schütz gezogen, früh im Morgenstrahl
/: tralala, tralala, tralala, tralalalalala :/

2. Wie im Reich der Lüfte, König ist der Weih
so im Reich der Klüfte, herrscht der Schütze frei
tralala...

3. Ihm gehört die Weite: was sein Pfeil erreicht
das ist seine Beute, was da kreucht und fleucht
tralala...

D (a)

S Brienzerbuurli

1. Es git nüd luschtigers uf der Wält als so nes Brienzerbuurli
hed eine e Rappe Gäld im Sack, und öppen es möschigs Uhrli
oh simpeli sampeli si, oh baseli duseli da
es isch kei Narrety, es Brienzerbuurli z sy, juhe
es isch kei Narrety, es Brienzerbuurli z sy

2. Het eine e steinigs Acherli und öppe en alte Pflueg
diheim es rüdigs Fraueli, so het er z chratze gnueg
oh simpeli...

3. Im Früelig da trybe si d Geisse uf d Alp u säge si heige Chüe
u we me nes nid gloube tät, si seite, äs wäre Stiere
oh simpeli...

4. Im Summer näme si d Sägesse füre, u säge si welle go höie
u we si es Hämpfeli Gras abhei, so brüele si grad wie Löie
oh simpeli...

5. Im Herbscht, da füere si d Chäsli hei, u zwar no ufeme Schlitte
u we si deheim abglade hei, so sy si scho agschnitte
oh simpeli...

6. Im Winter sy si minder stolz, do hei si Wyb und Chind
si spalte öppe es bitzli Holz u blase, bis es brinnt
oh simpeli...

7. U wenn es de Tanzsunntig isch, so tüe si d Nase rümpfe
Die einte hei kei Gäld im Sack, den andere fählts a Strümpfe
oh simpeli...

G (d)

Uf de Alpe obe isch e herrlichs Läbe

1. Uf de Alpe obe isch e herrlichs Läbe
uf de Alpe obe möchte i sy
so es Sännemeiteli het es herrlichs Läbe
so es Sännemeiteli möcht i sy

|: holi duja holi, holi duja ho, holi duja holi, holi duja ho :|

2. I der erschte Hütte simmer ine gsässe
i der zweite Hütte hämmer Nydle gässe
i de dritte Hütte isch mer öppis gscheh
ha de Schue verlore tüf im Schnee

|: holi duja holi, holi duja ho, holi duja holi, holi duja ho :|

3. Wänn i Kaiser wär so würd i d Wält regiere
und die böse Buebe in en Säustall sperre
und die liebe Meiteli i de Gutsche füere
wänn i Kaiser wär, so würd is tue

|: holi duja holi, holi duja ho, holi duja holi, holi duja ho :|

D (a')

Schuemächerli, Schuemächerli

1. Schuemächerli, Schuemächerli
was choschte myni Schue?
drü Bätzeli, drü Bätzeli
und d Negeli derzue

2. Drü Bätzeli, drü Bätzeli
das isch mer währli z tüür
da louf i lieber barfuess
dur s Wasser und dur s Füür

F (c')

Wie maches de die Zimmerlüt

1. Wie maches de die Zimmerlüt?
un eso mache sis
si houen ab e chlyne Spoon u höische denn e grosse Lohn
un eso, un eso, un eso mache sis

2. Wie maches de die Schueschterlüt?
si mache drümol rumpedibum u höische scho drei Batze drum

3. Wie maches de die Schnyderlüt?
si blose d Chnöpf a Hosegurt u näme nie kei Räschte furt

4. Wie maches de die Schmittelüt?
si schlö e alte Nagel y u säge es syg e nöie gsy

5. Wie maches de die Muurerlüt?
der Muurer dä schlot Dräck i s Loch u preicht er s nid, so tätscht es doch

6. Wie maches de die Wirtshuuslüt?
si bschliesse si znacht i Chäller y u lüütere dert der Märitwy

7. Wie maches de die Schryberlüt?
si setze es Tüpfli uf en „i" u schrybe es Fränkli Chöschte y

8. Wie maches de d Schulmeischterlüt?
si sy gar grüüsli schröckli glehrt u mache nüschti d Sach verchehrt

9. Wie maches de die Herelüt?
si lö all Gatter offe sto u flachse dür Gras u Gwächs dervo

10. Wie maches de die Pfarrerlüt?
si haschple der Fade ums Chanzelbrätt; we nume der Haschpel eh chlepfe wett

Am Thunersee

1. Chumm doch eis am Sunntigmorge
hie zu mir a Thunersee
ach, du weisch nid, wien i plange
für di wider einisch z gseh
Weisch no denn, won i di frage
hesch mer gseit, du chömmsch ja gly
u jtz isch sit dene Tage
so ne längi Zyt verby

2. Dert vom Bänkli ob de Räbe
zeig i dir di ganzi Pracht
ds alte Schloss u grad dernäbe
ds Dörfli, won es treu bewacht
Dunde fahrt es Schiff im Blaue
dobe glögglets no vom Veh
öppis Schöners chasch nid gschoue
als bi üs am Thunersee

3. Wenn vom Niese d Loui fahre
gits scho Chirschibluescht am See
und im Nussboum nischte d Stare
als hätts nie e Winter ggää
Gäll, wenn d chunsch, de blybsch bis z Aabe
blybsch bis d Sunne undergeit
und i fyne, zarte Farbe
ds letschte Guld uf d Bärge leit

Musik und Text: Adolf Stähli

Bärnbiet

1. Grüeni Wälder, dunkli Schätte
hinde dra der Firneschnee
wie ne Garte, Fäld und Matte
säg, mys Härz, was wit no meh

Bärnbiet du my liebi Heimat
schöner chan es niene sy
i ha gäng chly Fröid gha dranne
dass ig ou e Bärner bi

2. Bärner Füscht und Bärner Gringe
hei scho vil in Egi gha
chumm cho luegen eis bim Schwinge
da gsehsch mänge chäche Maa

Bärnbiet...

3. Lüt us allne Herre Goue
chöme scharewys derhär
und wei öppe chly cho gschoue
üse liebe Bärnerbär

Bärnbiet...

Musik und Text: Jakob Ummel

F (f’)

Bärn du edle Schwyzerstärn

1. Bärn, du edle Schwyzerstärn
bisch d Houptstadt wohl im Kanton Bärn
|: viel gepriesen und viel genannt
alle Völkere wohl bekannt :|

2. Bärn het die schönsti Chleidertracht
wohl sälber gspunne u sälber gemacht
|: vo fyner Wulle und längem Chleid
die Frauenzimmer in Ehrbarkeit :|

3. Im Ämmetal und im Oberland
da ist der schönschti Stierestand
|: wohl uf der Matte, wohl uf der Weid
besonders zur schönen Früehlingszeit :|

4. Der Summer uf den Früehling naht
da tribe die Chüejer z Alp so spat
|: die Chüejer si jutze und alphorne viel
die Chüeli si springe im Gloggespiel :|

5. Z Thun, z Untersewen u z Grindelwald
da mache die frömde Familie Halt
|: schwedischi, dänischi, änglischi Lüt
vo Russland, Frankrych, viel hundert Stund wyt :|

C (g'

Bärnermarsch

1. *|: Träm träm, trärärìdi*
alli Manne standet y
die vor Ämme, die vor Aare
die, wo z Fuess u z Sattel fahre :|

|: la la lalalalala lala
la la la la lalalalala :|

die vor Ämme, die vor Aare
die, wo z Fuess u z Sattel fahre
träm träm, träridiri, träridiri
träm träm träm träm, träridiridi

2. *|: Träm träm, trärärìdi*
mir wei freii Schwyzer sy
rüeft is s Land zum Schutz a d Gränze
lue, wie d Ouge allne glänze :|

la la la....

3. *|: Träm träm, trärärìdi*
üse Mutz isch gärn derby
stelled ne a d Spitze füre
sackermänt, er stiereds düre :|

la la la....

F (a')

Dr Trueberbueb

1. I bin e Ämmitaler, u desse bin i stolz
es wachst i üsne Grebe vil saftigs Pfyffeholz
vil saftigs Pfyffeholz u mänge chäche Bueb

Ja, i bin e Ämmitaler
i bin e Bueb, i bin e Bueb, i bin e Bueb
e Bueb vom Trueb
Ja, i bin e Ämmitaler
i bin e Bueb, i bin e Bueb
e Bueb vom Trueb

2. My Vater, dä het gschwunge scho mängisch obenuus
dä lehrt mirs o am Abe u Morge vor em Huus
u Morge vor em Huus, i bin e Schwingerbueb

Ja, i bin e Ämmitaler...

3. O d Mueter isch e feschti, sie chunnt vom Sältebach
im Sältebach isch sälte es Meitschi pring u schwach
es Meitschi pring u schwach, i bi der Mueter Bueb

Ja, i bin e Ämmitaler...

4. Nid alles mache d Arme u d Bei mit Schmalz u Saft
me mues im Härze inne o ha di rächti Chraft
o ha di rächti Chraft, mues sy e treue Bueb

Ja, i bin e Ämmitaler...

Gilberte de Courgenay

1. Bi Prunterut im Jura, da het e Wirt es Huus
da luegt es Meitschi jedi Stund drümal zum Fänschter uus
und fragsch du dänn d Soldate, wer ächt das Meitschi sei
da lüpft es jedem Schwizerbueb sys Herz und au sys Bei

C'est la petite Gilberte, Gilberte de Courgenay
elle connait trois cent milles soldats et tout les officiers
c'est la petite Gilberte, Gilberte de Courgenay
on la connait dans tout la suisse et tout l'armée

2. Sig eine e Trompeter, sig eine e Tambour
sig eine simple Solidat, si het si a dr Schnuer
vom Corporal zum Lütenant bis ufe a Major
wer het die alli mitenand bim Zipfel und bim Ohr?

C'est la petite Gilberte...

3. Und gäb me mir es Regimänt, ich seiti oh herrje
o wär ich doch nu Lütenand und nur i Courgenay
was nützed mir all Offizier und über tuusig Maa
ich mues bim Herrgott sapermänt ganz öppis anders ha:

C'est la petite Gilberte...

4.Und wänn dr Chrieg dänn dure isch und alles heizue gaht
und wänn dr Wirtin ihres Huus leer a dr Strass a staht
wer wüscht am Fänschter d Äugli uus und luegt i d Ajoie
und truured um die drümal hunderttuusig schöne Maa?

C'est la petite Gilberte...

C (g')

Guete Sunntig mitenand

1. Guete Sunntig mitenand
heisst's im schöne Schwyzerland
lueget au wie d Sunne lacht
und e fründlichs Gsichtli macht

Frau, wo isch mys Sunntigsgwand?
hüt wird bummlet über Land
guete Sunntig, guete Sunntig
guete Sunntig mitenand

2. Guete Sunntig mitenand
ja mir wandred Hand in Hand
hüt sind mir fidel und froh
Mäntig wirds ja sowiso

Luschtig spilt der Musikant
und der Gugger rüeft is Land
guete Sunntig, guete Sunntig
guete Sunntig mitenand

Musik: Walter Wild / Text: Fredy Schulz

Ich bin ein Schweizerknabe

1. Ich bin ein Schweizerknabe ich hab die Heimat lieb
wo Gott in hohe Firnen den Freiheitsbrief uns schrieb
der Berge wunderbare Pracht
die zieht mich an mit Zaubermacht
ich bin ein Schweizerknabe, ich hab die Heimat lieb
hali hali hali halio, hali, halio, hali hali hali halio, halio

2. Ich bin ein Schweizerknabe, ich liebe Lust und Scherz
ins heitre Land der Alpen, da passt kein finstres Herz
o hör der Herden Glockenklang
in Tal und Höhen Jubelsang
ich bin ein Schweizerknabe, ich liebe Lust und Scherz
hali hali hali halio...

3. Ich bin ein Schweizerknabe, bin allen Menschen gut
es liegt die Herzensgüte ja schon im Schweizerblut
wie wäre sonst in Berg und Tal
der Freude lauter Widerhall
ich bin ein Schweizerknabe, bin allen Menschen gut
hali hali hali halio...

4. Ich bin ein Schweizerknabe, ich leide keine Schmach
am Hochgefühl der Schweizer schon manche Lanze brach
wer feige weicht vom heilgen Recht
der ist schon von Natur ein Knecht
ich bin ein Schweizerknabe, ich leide keine Schmach
hali hali hali halio...

F (c')

Ich hatt einen Kameraden

1. Ich hatt einen Kameraden
einen bessern findst du nit
die Trommel schlug zum Streite
er ging an meiner Seite
|: im gleichen Schritt und Tritt :|

2. Eine Kugel kam geflogen
gilt sie mir oder gilt sie dir?
ihn hat es weggerissen
er liegt zu meinen Füssen
|: als wär's ein Stück von mir :|

3. Will mir die Hand noch reichen
derweil ich eben lad
kann dir die Hand nicht geben
bleib du im ew'gen Leben
|: mein guter Kamerad :|

In Grindelwald

1. In Grindelwald den Gletschren by, da cha mu gäbig läben
mir hei, so lang mer hie scho syn, nie lengi Zyt no ghäben
da gangid wa nach d Ärde treid
zum Mond, uf d Sunna, wen er weid
|: ir findid nid vo Form u Gstalt
es schenders Tal wan Grindelwald :|
halio ja halio halio halio, halio ja halio ja halio jalio

2. In Grindelwald den Gletschren by, da chas schon eppa guxen
u z Zytewys tued o echlyn dr Fehnd is schon gar fuxen
das macht is nyd, mir sinne: Chuut
so hei mer numen ehnder Chruud
|: in Hibsch u Leid, i Warm u Chald
keis schenders Tal wan Grindelwald:|
halio...

3. In Grindelwald den Gletschren by, da wei mer d Fryheit bhalten
wei genge tapfer Schwyzer syn u ds Härz nid land erchalten
fir ds Gueta wei mer firhistahn
u d Schlächtigkeit nid inhalan
|: u singe wei mir jung u alt:
keis schenders Tal wan Grindelwald :|
halio...

4. In Grindelwald den Gletschren by, chund eis dr Tod gottwilchen
hie wei mir o vergraben syn im Frythof bi dr Chilchen
o chlagid nid bin yser Lych
dr einzig Ort ist ds Himmelrych
|: was ysereim no besser gfallt
wan hie im schenen Grindelwald :|
halio...

F (c')

Kein schöner Land in dieser Zeit

1. Kein schöner Land in dieser Zeit
als hier das unsre weit und breit
|: wo wir uns finden wohl unter Linden
zur Abendzeit :|

2. Da haben wir so manche Stund
gesessen da in froher Rund
|: und taten singen die Lieder klingen
im Talesgrund :|

3. Dass wir uns hier in diesem Tal
noch treffen so viel hundertmal
|: Gott mag es schenken, Gott mag es lenken,
er hat die Wahl :|

4. Nun, Brüder eine gute Nacht
der Herr im hohen Himmel wacht
|: in seiner Güte uns zu behüten
ist er bedacht :|

F (c')

Kufsteiner Lied

1. Kennst du die Perle, die Perle Tirols
das Städtchen Kufstein, das kennst du wohl
umrahmt von Bergen, so friedlich und still
ja, das ist Kufstein dort am grünen Inn
ja, das ist Kufstein am grünen Inn

Jololo u lulü u olo   jolo lololo lo lo u
jolo lololo lo lo u   jolo lololo lo lo u
Jololo u lulü u olo   jolo lololo lo lo u
jolo lololo lo lo u, bei uns im Tirol

2. Es gibt so vieles, bei uns im Tirol
ein guates Weinderl aus Südtirol
da denk a jeder, 's möcht immer so sein
bei einem Maderl und am Flascherl Wein
bei einem Maderl und am Flascherl Wein

Jololo u lulü u olo…

3. Und ist der Urlaub dann wieder aus
da nimmt man Abschied und fährt nach Haus
man denkt an Kufstein, man denkt an Tirol
mein liebes Maderl, lebe wohl, leb wohl
mein liebes Maderl, leb wohl, leb wohl

Jololo u lulü u olo…

Das Kufsteiner Lied (Die Perle Tirols)
Musik und Text: Karl Ganzer

F (a)

Niene geits so schön und luschtig

1. Niene geits so schön und luschtig
wie bi üs im Ämmital
da gits allergattig Ruschtig
schöni Meitschi überall
|: holi duli duli holi duja ho :|
holi duli duli holi dujaho, holi duli duli holiho

2. Manne het es ehrefeschti
Wyber brav u hübscher Art
Meitschi, we d se gsesch, so hesch di
dri verliebt so schön u zart
holi duli duli...

3. Bäckli hei si rot wie Rose
Ouge wie der Morgestärn
und jetz wärdet ihr erscht lose
si hei d Buebe grüsli gärn
holi duli duli...

4. Da isch nüt vo Kumplimänte
allne seit me nume Du
sigs der Milchbueb mit der Bränte
oder trag er Ratsherr-Schue
holi duli duli...

5. Rosshaarspitzli treit no ds Müeti
Blätzlihose no der Alt
d Meitschi schöni Schwäfelhüeti
Chöpfli drunder grad wie gmalt
holi duli duli...

Nun ade du mein lieb Heimatland

1. Nun ade, du mein lieb Heimatland
lieb Heimatland, ade
Es geht jetzt fort zum fremden Strand
lieb Heimatland, ade
|: und so sing ich denn mit frohem Mut
wie man singet wenn man wandern tut
lieb Heimatland, ade :|

2. Wie du lachst mit deines Himmels Blau
lieb Heimatland, ade
Wie du grüssest mich mit Feld und Au
lieb Heimatland, ade
|: Gott weiss, zu dir steht stets mein Sinn
doch jetzt zur Ferne zieht's mich hin
lieb Heimatland, ade :|

3. Begleitest mich, du lieber Fluss
lieb Heimatland, ade
Bist traurig, dass ich wandern muss
lieb Heimatland, ade
|: vom moosgen Stein am waldgen Tal
da grüss ich dich zum letzten Mal
lieb Heimatland, ade :|

O mein Heimatland

1. O mein Heimatland, o mein Vaterland
wie so innig, feurig lieb ich dich
schönste Ros, ob jede mir verblich
duftest noch an meinem öden Strand
O mein Heimatland, o mein Vaterland
wie so innig, feurig lieb ich dich
schönste Ros, ob jede mir verblich
duftest noch an meinem öden Strand
mein Heimatland, mein Schweizerland, mein Vaterland

2. Als ich arm, doch froh, fremdes Land durchstrich
Königsglanz mit deinen Bergen mass
Thronenflitter bald ob dir vergass
wie war da der Bettler stolz auf dich
Als ich fern dir war, o Helvetia
fasste manchmal mich ein tiefes Leid
doch wie kehrte schnell es sich in Freud
wenn ich einen deiner Söhne sah
Helvetia, mein Heimatland, mein Vaterland

3. O mein Schweizerland, all mein Gut und Hab
wenn dereinst die letzte Stunde kommt
ob ich Schwacher dir auch nichts gefrommt
nicht versage mir ein stilles Grab
Werf ich ab von mir dies mein Staubgewand
beten will ich dann zu Gott, dem Herrn
lasse strahlen deinen schönsten Stern
nieder auf mein irdisch Vaterland
aufs Schweizerland, aufs Heimatland, mein Vaterland

Rufst du mein Vaterland

1. Rufst du mein Vaterland
sieh uns mit Herz und Hand
all dir geweiht
|: Heil dir Helvetia
hast noch der Söhne ja
wie sie Sankt Jakob sah
freudvoll zum Streit :|

2. Da, wo der Alpenkreis
dich nicht zu schützen weiss
wall dir von Gott
|: Stehn wir den Felsen gleich
nie vor Gefahren bleich
froh noch im Todesstreich
Schmerz uns ein Spott :|

3. Da, wo der Friede lacht
nach der empörten Schlacht
drangvollem Spiel
|: O da, viel schöner, traun
fern von der Waffen Graun
Heimat, dein Glück zu baun
winkt uns das Ziel :|

S Guggerzytli

1. Gahn i zum Grosi über Land so chunnt mer immer z Sinn
das Guggerzytli a der Wand wos het im Stübli drinn
lueg Büebli hed s Grosmüeti gseit, het zittret mit der Hand
mis Guggerzytli hanget scho vil Jahr a dere Wand

guggu, guggu, hoholi holi holi ho
guggu, guggu, hoholi holi holi ho
guggu, guggu, hoholi holi holi ho

mis Guggerzytli hanget scho vil Jahr a dere Wand

2. Am Morge ghöri Chüe muh muh, der Bäri bällt wau wau
und de ganz fyn guggu guggu, chunnt s Guggerzytli au
es het mer gchündet Freud und Leid, vil Stunde schön und bang
drum han i Sorg, dass nid verheit, i läbti nümme lang

guggu guggu...

drum han i Sorg, dass nid verheit, i läbti nümme lang

3. Nid Gold nid Silber mues i ha, um chönne glücklech z sy
so lang i s Guggerzytli ha und no mis Gläsli Wy
und chunnt mis letschte Stündli dra, de han i nur di Bitt
dänn gänd mir au i d Ewigkeit mis Guggerzytli mit

guggu guggu...

dänn gänd mir au i d Ewigkeit mis Guggerzytli mit

Musik: P. Weber / Text: S. Meyer

S het deheim e Vogel gsunge

1. S het deheim e Vogel gsunge
i der Hoschtet vor em Huus
|: ha ne welle foo mit Hände
bin em no dur d Hoschtet us :|

tra lala   la lala   la la la   la la
tra lala   la   la   la la la   la
tra lala   la lala   la la la   la la

bin em no dur d Hoschtet us

2. Bi derno i d Frömdi gange
wo nen andre Vogel singt
|: han i glost, ob us der Heimet
mir kei Wind es Liedli bringt :|

tra lala – la lala...

mir kei Wind es Liedli bringt

3. Bin i wieder heizue gange
s isch der Vogel, wo mi ziet
|: möcht en nümme foo mit Hände
ghörti numme gärn sys Lied :|

tra lala – la lala...

ghörti numme gärn sys Lied

C (e)

S Landidörfli

1. I kenn es Dörfli am Zürisee
es schöners Dörfli gits nümme meh
es isch erschaffe, lueg au die Pracht
so dass me meint, der Herrgott hets gmacht

Es Stückli Heimet lyt dert am See
vo üsrer Heimat, si isch so schöö
s isch s Landidörfli, s isch s Landidörfli
s isch s Landidörfli am Zürisee

2. Sie chönd go luege vo nah und fern
en jede Schwizer het s Dörfli gern
und sind vergange au vili Jahr
gsehnd mir no vor üs schön und so klar

Das Stückli Heimet, dert unn am See
das Landidörfli so wunderschöö
das Landidörfli, das Landidörfli
das Landidörfli am Zürisee

Musik und Text: Robert Barmettler

G (g'

S Schwyzerländli isch nu chly

1. S Schwyzerländli isch nu chly
aber schöner chönts nit sy
gang i d Wält so wyt du witt
schönri Ländli gits gar nit
trala tralala, trala tralala
schönri Ländli gits gar nit

2. Bärge wie de Himmel hoch
mit de schöne Gletschre noch
uf den Alpe Herdeglüt
Jodler, schöner nützti nüt!
trala tralala...

3. See-e blau und spiegelglatt
wie me luegt, me wird nid satt
Schiffli fahred hi und här
wie wenns all Tag Sunntig wär
trala tralala...

4. Und au d Lüt sind frisch und froh
Freiheit händs wie niene so
und e luschtigs Schwyzerbluet
gfallt mer über alles guet
trala tralala...

G (d')

Trittst im Morgenrot daher (Schweizerpsalm)

1. Trittst im Morgenrot daher
seh ich Dich im Strahlenmeer
Dich, Du Hocherhabener, Herrlicher
wenn der Alpenfirn sich rötet
betet, freie Schweizer, betet
/: eure fromme Seele ahnt :/
/: Gott im hehren Vaterland :/

2. Kommst im Alpenglühn daher
find ich Dich im Sternenheer
Dich, Du Menschenfreundlicher, Liebender
in des Himmels lichten Räumen
kann ich froh und selig träumen
/: denn die fromme Seele ahnt :/
/: Gott im hehren Vaterland :/

3. Fährst im wilden Sturm daher
bist Du selbst uns Hort und Wehr
Du, allmächtig Waltender, Rettender
in Gewitternacht und Grauen
lasst uns kindlich Ihm vertrauen
/: ja, die fromme Seele ahnt :/
/: Gott im hehren Vaterland :/

Un uf der Wält si kener Lüt

1. Un uf der Wält si kener Lüt
wie üser Chüejerchnabe
si hei die schönschte schwarze Chüe
und si gäng luschtig spät u früe
|: vom Morge bis am Abe :|

2. Am Morge früe, wes tage wott
gah mir ga Fueter rüschte
u mängisch de am Abe scho
damit mer besser möge gcho
|: für Milch i d Nidle z schütte :|

3. Drum jutze mir juhe! Juhe!
die Chüejer, die heis luschtig
es macht e jedere was er cha
u blibt derbi e brave Maa
|: u het gäng gueti Ruschtig :|

F (c')

Von ferne sei herzlich gegrüsset (Rütlilied)

1. Von ferne sei herzlich gegrüsset
du stilles Gelände am See
wo spielend die Welle zerfliesset
|: genähret vom ewigen Schnee :|

2. Gepriesen sei friedliche Stätte
gegrüsset du heiliges Land
wo sprengten der Sklaverei Kette
|: die Väter mit mächtiger Hand :|

3. Hier standen die Väter zusammen
dem Recht und der Freiheit zum Schutz
und schwuren beim heiligsten Namen
|: zu stürzen der ZwingherrenTrutz :|

4. Drum, Rütli, sei freundlich gegrüsset
dein Name wird nimmer vergehn
so lange der Rhein uns noch fliesset
|: solange die Alpen bestehn :|

C (g)

Was isch doch o das heimelig

1. Was isch doch o das heimelig
s isch so nes artigs Wort
s mues öppis Guets z bedüte ha
me seits vo liebe Lüte ja
|: vo mängem hübschen Ort :|

2. Chumm her und los es chlyseli
mir weis erdure fry
s isch nüt vo prächtig, nüt vo gross
es glychet weder Stadt no Schloss
|: s isch ehnder schmal u chly :|

3. Uf höchschte Bärge findsch es nit
und chuum am wyte See
s isch nit im breite Spiegelsaal
s isch eh versteckt im änge Tal
|: am Wäldlihubel eh :|

4. Churzum, wo ds Härz im Lyb der seit:
Wie tuusigs wohl bin ig
wo d wie deheime wohne magsch
und süsch na keine Güetre fragsch
|: da isch es heimelig :|

Wo Berge sich erheben

1. Wo Berge sich erheben
am hohen Himmelszelt
da ist ein freies Leben
da ist die Alpenwelt
Es grauet da kein Morgen
es dämmert keine Nacht
dem Auge unverborgen
|: das Licht des Himmels lacht :|
La la la la la.....

2. Da droben thront der Friede
ob die Lawine kracht
der Fels hat als Ägide
die Hütte überdacht
Schallt Kriegsgeschrei vom Tale
der Älpler drob erwacht
er steigt vom hohen Walle
|: und stürzt sich in die Schlacht :|
La la la la la.....

3. O freies Alpenleben
o schöne Gotteswelt
ein Aar in Lüften schwebet
so nah dem Sternenzelt
Dem Älpler nehmt die Berge
wohin mag er noch ziehn?
Paläste sind ihm Särge
|: drin muss er fern verblühn :|
La la la la la.....

Wo die Nordseewellen

1. Wo die Nordseewellen spülen an den Strand
wo die gelben Blumen blühn ins grüne Land
|: wo die Möven schreien, schrill im Sturmgebraus
da ist meine Heimat, da bin ich zu Haus :|

2. Well'n und Wogen sangen mir mein Wiegenlied
hohe Deiche waren mir das "Gott-Behüt"
|: merkten auch mein Sehnen und mein heiss Begehr
durch die Welt zu fliegen über Land und Meer :|

3. Wohl hat mir das Leben meine Qual gestillt
und mir das gegeben, was mein Herz erfüllt
|: alles ist verschwunden, was mir leid und lieb
hab das Glück gefunden, doch das Heimweh blieb:|

4. Heimweh nach dem schönen grünen Marschenland
wo die Nordseewellen spülen an den Strand
|: wo die Möven schreien, schrill im Sturmgebraus
da ist meine Heimat, da bin ich zu Haus:|

Friesenlied – Wo die Nordseewellen
Musik: Simon Krannig / Text: M. Müller-Grählert / F. Fischer-Friesenhausen

Auf, auf ihr Wandersleut

1. *|: Auf, auf ihr Wandersleut*
zum Wandern kommt die Zeit :|
Tut euch nicht lang verweilen
in Gottes Namen reisen
das Glück, das laufet immer fort
an einen andern Ort

2. *|: Ihr liebsten Eltern mein*
ich will euch dankbar sein :|
Die ihr mir habt gegeben
von Gott ein langes Leben
so gebet mir gleich einer Speis
den Segen auf die Reis

3. *|: Der Tau vom Himmel fällt*
hell wird das Firmament :|
Die Vöglein in der Höhe
wenn sie vom Schlaf aufstehen
da singen sie zu meiner Freud:
Lebt wohl, ihr Wandersleut

Aus grauer Städte Mauern

1. Aus grauer Städte Mauern
ziehn wir durch Wald und Feld
wer bleibt, der mag versauern
wir fahren in die Welt

|: halli hallo, wir fahren
wir fahren in die Welt :|

2. Der Wald ist unsre Liege
der Himmel unser Zelt
ob heiter oder trübe
wir fahren in die Welt

halli hallo...

3. Die Sommervögel ziehen
wohl über Wald und Feld
da heisst es Abschied nehmen
wir fahren in die Welt

halli hallo...

Musik: Robert Götz / Text: Hans Riedel

Bei einem Wirte wundermild

1. Bei einem Wirte, wundermild
da war ich jüngst zu Gaste
ein goldner Apfel war sein Schild
an einem langen Aste

2. Es war der gute Apfelbaum
bei dem ich eingekehret
mit süsser Kost und frischem Schaum
hat er mich wohl genähret

3. Es kamen in sein grünes Haus
viel leichtbeschwingte Gäste
sie sprangen frei und hielten Schmaus
und sangen auf das Beste

4. Ich fand ein Bett zu süsser Ruh
auf weichen grünen Matten
der Wirt, er deckte selbst mich zu
mit seinem kühlen Schatten

5. Nun fragt ich nach der Schuldigkeit
da schüttelt er den Wipfel
gesegnet sei er allezeit
von der Wurzel bis zum Gipfel

F (c')

Bergvagabunden

1. Wenn wir erklimmen schwindelnde Höhen
steigen dem Gipfelkreuz zu, ja zu
in unsern Herzen brennt eine Sehnsucht
die lässt uns nimmer in Ruh, ja ja ja

Herrliche Berge, sonnige Höhen
Bergvagabunden sind wir, ja wir
Herrliche Berge, sonnige Höhen
Bergvagabunden sind wir

2. Fels ist bezwungen, frei atmen Lungen
ach, wie so schön ist die Welt, ja Welt
Handschlag, ein Lächeln, Mühen vergessen
alles aufs Beste bestellt, ja ja ja

Herrliche Berge, sonnige Höhen
Bergvagabunden sind wir, ja wir
Herrliche Berge, sonnige Höhen
Bergvagabunden sind wir

3. Beim Alpenglühen heimwärts wir ziehen
Berge, die leuchten so rot, so rot
Wir kommen wieder, denn wir sind Brüder
Brüder auf Leben und Tod, ja ja ja

Lebt wohl ihr Berge, sonnige Höhen
Bergvagabunden sind treu, ja treu
Lebt wohl ihr Berge, sonnige Höhen
Bergvagabunden sind treu

Musik: Hans Kolesa & Hans Gasser / Text: Erich Hartinger

F (c′)

Das Wandern ist des Müllers Lust

1. *|: Das Wandern ist des Müllers Lust :|*
das Wandern
das muss ein schlechter Müller sein
|: dem niemals fiel das Wandern ein :|

das Wandern, Wandern
das Wandern, das Wandern
das Wandern, das Wandern, das Wandern

2. *|: Vom Wasser haben wir's gelernt :|*
vom Wasser
das hat nicht Ruh bei Tag und Nacht
|: ist stets auf Wanderschaft bedacht :|

das Wasser...

3. *|: Die Steine selbst so schwer sie sind :|*
die Steine
sie tanzen mit den muntren Reih′n
|: und wollen gar noch schneller sein :|

die Steine...

4. *|: O Wandern, Wandern, meine Lust :|*
o Wandern
Herr Meister und Frau Meisterin
|: lasst mich in Frieden weiterziehn :|

und wandern...

Hans Spielmann

1. Hans Spielmann, stimme deine Fiedel
es geht im Schritt und Tritt
zum Abschied noch ein muntres Liedel
wer Lust hat, singe mit
|: Wir ziehen in die weite
ja weite wunderschöne Welt hinaus
frisch auf zum frohen Wandern
wer Lust hat, bleib zu Haus :|

2. Ist heut der Himmel klar und heiter
und morgen grau und trüb
wir ziehen unsre Strasse weiter
und singen noch ein Lied
|: Was soll denn weiter werden
als wie zum Bauern in ein warmes Nest
das macht uns kein Beschwerden
ist besser als Arrest :|

3. Und kommen auch mal schwere Zeiten
der Hunger plagt uns sehr
der Wirt will uns kein Mahl bereiten
dieweil der Beutel leer
|: Das macht uns keine Sorgen
sagt an, ihr Herrn, was kostet eure Welt?
mit Fiedel und mit Bogen
ist auch ein Fest bestellt :|

D (a)

Hoch auf dem gelben Wagen

1. Hoch auf dem gelben Wagen sitz ich beim Kutscher vorn
hurtig die Rosse traben, lustig schmettert das Horn
Wiesen, Wälder und Auen, leuchtender Ähren Gold
|: möchte ja so gerne ruhn und schauen
aber der Wagen, der rollt :|

2. Flöten hör ich und Geigen, lustiges Bassgebrumm
junges Volk im Reigen tanzt um die Linde herum
Röcke fliegen im Winde, alles jauchzt und tollt
|: bliebe ja so gerne bei der Linde
aber der Wagen, der rollt :|

3. Postillon bei der Schenke füttert die Rosse im Flug
schäumendes Gerstengetränke reicht ihm die Wirtin im Krug
hinter den Fensterscheiben lacht ein Gesicht so hold
|: möchte ja so gerne bei ihr bleiben
aber der Wagen, der rollt :|

4. Sitzt einmal ein Gerippe hoch bei dem Kutscher vorn
trägt statt der Peitsche die Hippe, das Stundenglas statt das Horn
dann ade nun ihr Lieben, die ihr nicht mitfahren wollt
|: Wäre ja so gerne noch geblieben
aber der Wagen, der rollt :|

Musik: Heinz Höhne / Text: Rudolf Baumbach

Ich geh durch einen grasgrünen Wald

1. Ich geh durch einen grasgrünen Wald
und höre die Vögelein singen
Sie singen so jung, sie singen so alt
die kleinen Vögelein in dem Wald
die hör ich so gerne wohl singen

2. O sing nur, singe, Frau Nachtigall
wer möchte dich, Sängerin, stören?
Wie wonniglich klingt's im Widerhall
es lauschen die Blumen, die Vögel all
und wollen die Nachtigall hören

3. Nun muss ich wandern, bergauf, bergab
die Nachtigall singt in der Ferne
Es wird mir so wohl, so leicht am Stab
und wie ich schreite hinauf, hinab
die Nachtigall singt in der Ferne

D (a)

Im Frühtau zu Berge

1. Im Frühtau zu Berge wir gehn, *fallera*
es grünen die Wälder und Höhn, *fallera*
|: wir wandern ohne Sorgen
singend in den Morgen
noch ehe im Tale die Hähne krähn :|

2. Ihr alten und hochweisen Leut, *fallera*
ihr denkt wohl wir sind nicht gescheit, *fallera*
|: wer wollte aber singen
wenn wir schon Grillen fingen
in dieser herrlichen Frühlingszeit :|

3. Werft ab alle Sorgen und Qual, *fallera*
und wandert mit uns aus dem Tal, *fallera*
|: wir sind hinaus gegangen
den Sonnenschein zu fangen
kommt mit und versucht es auch selbst einmal :|

Schwedisches Studentenlied,
deutsche Textfassung: Walther Hensel

Mein Vater war ein Wandersmann

1. Mein Vater war ein Wandersmann
und mir steckt's auch im Blut
drum wandr' ich froh so lang ich kann
und schwenke meinen Hut

falleri, fallera, falleri
fallera ha ha ha ha ha
falleri, fallera und schwenke meinen Hut

2. Das Wandern schafft stets frische Lust
erhält das Herz gesund
frei atmet draussen meine Brust
froh singet stets mein Mund
falleri...

3. Warum singt dir das Vögelein
so freudevoll sein Lied
weil's nimmer hockt landaus landein
durch andre Fluren zieht
falleri...

4. Was murmelt's Bächlein dort und rauscht
so lustig hin durch's Rohr
weil's frei sich regt, mit Wonne lauscht
ihm dein empfänglich Ohr
falleri...

5. Drum trag ich's Ränzlein und den Stab
weit in die Welt hinein
und werde bis ans kühle Grab
ein Wanderbursche sein
falleri...

Musik: Friedrich Wilhelm Möller
Text: Friedrich Sigismund & Edith Möller

D (fis')

Übre Gotthard flüged Bräme

1. Lueg d Soldate, mit em Hauptme tippleds uf em Gotthardpass
alli schnuufed, alli schwitzed, und de ganzi Maa isch nass
aber trotzdem sind all munter, jede schickt sich eifach dry
und si stimmed mit em Hauptme i das Liedli y:

Übre Gotthard, übre Gotthard flüged Bräme
ja flüged Bräme, di cheibe Bräme
wänn si übrem Gotthard sind, dänn sind si däne
di cheibe Bräme, ho duli ho

so gahts de ganzi Tag, bis tüf in Summer
so isch das immer gsy, und so blybts immer, immer

Übre Gotthard übre Gotthard...

2. S Gotthardpöschtli fahrt nach Süde, s isch e schüli langi Reis
d Rössli schwitzed vor de Gutsche und de Lüüte machts au heiss
lueg was flügt det näb de Rosse, so als ghörteds au derzue
ja, das sind die donners Bräme, wo eus lönd kei Rue

Übre Gotthard übre Gotthard...

so gahts de ganzi Tag, bis tüf in Summer
so isch das immer gsy, und so blybts immer, immer

Übre Gotthard tippled mir und sind morn däne
ja vor de Bräme, ja vor de Bräme
übre Gotthard tippled mir und sind morn däne
ja vor de Bräme, ho duli ho

Musik und Text: Artur Beul

Vo Luzärn uf Wäggis zue Walzer

1. Vo Luzärn uf Wäggis zue *holie gugu, holie gugu*
bruucht me weder Strümpf no Schue *holie gugu gugu*

joholo lo lo hopsassa, holie gugu, holie gugu
joholo lo lo hopsassa, holie gugu, gugu

2. Me fahrt es bitzeli uf em See
um die schöne Fischli z gseh
joholo lo lo hopsassa...

3. Z Wäggis foht das Stygen a
Buebe, Meitschi, hopsassa
joholo lo lo hopsassa...

4. Im Chalte Bad, do chehrt mer y
trinkt es Schöppeli guete Wy
joholo lo lo hopsassa...

5. Wo mer sy uf d Rigi cho
louft üs s Sennemeitschi no
joholo lo lo hopsassa...

6. S treit is Alperösli a
und seit, es heig de no kei Maa
joholo lo lo hopsassa...

Wem Gott will rechte Gunst erweisen

1. Wem Gott will rechte Gunst erweisen
den schickt er in die weite Welt
dem will er seine Wunder weisen
in Berg und Tal und Strom und Feld

2. Die Bächlein von den Bergen springen
die Lerchen schwirren hoch vor Lust
was sollt ich nicht mit ihnen singen
aus voller Kehl und frischer Brust

3. Den lieben Gott lass ich nur walten
der Bächlein, Lerchen, Wald und Feld
und Erd und Himmel will erhalten
hat auch mein Sach aufs best bestellt

G (d')

Wer recht in Freuden wandern will

1. Wer recht in Freuden wandern will
der geh der Sonn entgegen
da ist der Wald so kirchenstill
kein Lüftchen mag sich regen
Noch sind nicht die Lerchen wach
nur im hohen Gras der Bach
singt leise den Morgensegen

2. Die ganze Welt ist wie ein Buch
darin uns aufgeschrieben
in bunten Zeilen manch ein Spruch
wie Gott uns treu geblieben
Wald und Blumen, nah und fern
und der helle Morgenstern
sind Zeugen von seinem Lieben

3. Da zieht die Andacht wie ein Hauch
durch alle Sinnen leise
da pocht ans Herz die Liebe auch
in ihrer stillen Weise
Pocht und pocht bis sich's erschliesst
und die Lippe überfliesst
von lautem, jubelndem Preise

4. Und plötzlich lässt die Nachtigall
im Busch ihr Lied erklingen
in Berg und Tal erwacht der Schall
und will sich aufwärts schwingen
Und der Morgenröte Schein
stimmt in lichter Glut mit ein:
Lasst uns dem Herrn lobsingen

F (c')

Wir sind durch die Welt gefahren

1. Wir sind durch die Welt gefahren
vom Meer bis zum Alpenschnee
|: wir haben noch Wind in den Haaren
den Wind von Bergen und Seen :|

2. In den Ohren das Rauschen des Stromes
der Lerchen Jubelgesang
|: das Geläute der Glocken vom Dome
der Wälder wogenden Klang :|

3. In den Augen das Leuchten der Sterne
des nächtlichen Feuers Glut
|: und tief in der Seele das Ferne
das Sehnen, das nimmermehr ruht :|

4. So sind wir durch die Welt gefahren
vom Meer bis zum Alpenschnee
|: wir haben noch Wind in den Haaren
den Wind von Bergen und Seen :|

Wohlauf in Gottes schöne Welt

1. Wohlauf in Gottes schöne Welt, lebe wohl, ade
die Luft ist blau und grün das Feld, lebe wohl, ade
Die Berge glühn wie Edelstein
ich wandre mit dem Sonnenschein
|: la la la la, la la la ins weite Land hinein :|

2. Du traute Stadt am Bergeshang, lebe wohl, ade
du hoher Turm, du Glockenklang, lebe wohl, ade
Ihr Häuser alle, wohlbekannt
noch einmal wink ich mit der Hand
|: la la la la, la la la und nun seitab gewandt :|

3. An meinem Wege fliesst der Bach, lebe wohl, ade
der ruft den letzten Gruss mir nach, lebe wohl, ade
Ach Gott, da wird so eigen mir
so milde wehn die Lüfte hier
|: la la la la, la la la als wär's ein Gruss von dir :|

4. Ein Gruss von dir, du schönes Kind, lebe wohl, ade
und nun den Berg hinab geschwind, lebe wohl, ade
Wer wandern will, der darf nicht stehn
darf niemals mehr nach hinten sehn
|: la la la la, la la la muss immer weiter gehn :|

Am Himmel stoht es Sternli

1. Wenn s Abigglöggli isch verklunge
versinkt au hindrem Bärg gly d Sunne
und d Wält wird plötzlech müslistille
doch ds Herz sinnt sine Träume no

Am Himmel stoht es Sternli z Nacht
im grosse Sternemeer
und wenn igs gseh spot i dr Nacht
de wär i gern bi dir
joli, joli, joli oh, wo magsch du wohl si?
joli, joli, joli oh, dänksch du no a mi?

2. I dänk a di myn Schatz und plange
bis d Zyt isch ändli umegange
i frög nach dir die tuusig Sternli
ob du mich nid vergässe tuesch

Am Himmel...

Musik und Text: Artur Beul

Dm (d')

Änneli, wo bisch geschter gsy?

1. Änneli, wo bisch geschter gsy?

Hinder em Huus im Gärtli

Säg, was hesch im Gärtli to?

Röseli pflückt und Majero
hinder em Huus im Gärtli

2. Änneli, wär isch bi der gsy
hinder em Huus im Gärtli?

Dänk mi Schatz, mi liebe Schatz
o wie gärn gieb ig ihm e Platz
hinder em Huus im Gärtli

3. Änneli, säg, was het är gredt
hinder em Huus im Gärtli?

Gang und frag du d Röseli
d Ilgen und de Rosmeri
hinder em Huus im Gärtli

4. Änneli, sit der alli Tag
hinder em Huus im Gärtli?

Ach, mi Schatz chunnt nümme meh
wird ne schwärli wider gseh
hinder em Huus im Gärtli

C (g)

Auf des Munots altem Turme

1. Auf des Munots altem Turme schau hinaus ich in die Nacht
über Dächer, über Giebel, einsam halte ich die Wacht
leise rauscht des Rheines Welle, leise rauscht des Kohlfirsts Wald
doch im Herzen pocht und hämmert meiner Liebe Allgewalt

Klinge Munotglöckelein
grüsse mir die Liebste fein
klinge Munotglöckelein
klinge bimbam bum

2. Auf des Munots weiter Zinne sah ich sie zum letzten Mal
wie sie scherzend, kosend tanzte auf dem grossen Munotball
auf dem Turme musst ich wachen, Gott, wie ist die Welt Betrug
ach man küsste mir mein Liebchen, während ich die Stunde schlug

Klinge Munotglöckelein...

3. Als ich sah das frech Gebaren zog ich wütend an dem Strang
und ich schlug so fest die Stunde, dass die kleine Glocke sprang
seither sind des Glöckleins Klänge so von stillem Weh erfüllt
dass den Menschen selbst im Städtchen Trän um Trän dem Aug entquillt

Klinge Munotglöckelein...

4. So muss auch mein Liebchen hören dieses Treubruchs harten Klang
mög er allen falschen Weibern klingen in den Ohren bang
doch dir Glöcklein will ich's sagen, aber schweige wie das Grab
ich gesteh, dass ich das Mädchen seither fast noch lieber hab

Klinge Munotglöckelein...

D (a)

Der Hans im Schnäggeloch

1. /: *Der Hans im Schnäggeloch het alles, was er will :/*
und was er will, das het er nid
und was er het, das will er nid
der Hans im Schnäggeloch het alles, was er will

2. /: *Der Hans im Schnäggeloch seit alles, was er will :/*
und was er seit, das dänkt er nid
und was er dänkt, das seit er nid
der Hans im Schnäggeloch seit alles, was er will

3. /: *Der Hans im Schnäggeloch tuet alles, was er will :/*
und was er tuet, das sött er nid
und was er sött, das tuet er nid
der Hans im Schnäggeloch tuet alles, was er will

4. /: *Der Hans im Schnäggeloch cha alles, was er will :/*
und was er cha, das macht er nid
und was er macht, das glingt ihm nid
der Hans im Schnäggeloch cha alles, was er will

5. /: *Der Hans im Schnäggeloch geit häre won er will :/*
und won er isch, do blybt er nid
und won er blybt, do gfallts ihm nid
der Hans im Schnäggeloch geit häre won er will

F (c')

Dert äne em Bärgli

1. Dert äne em Bärgli, dert steit e wyssi Geiss
i ha se wölle mälche, da hout si mir eis
holeduli duli duli, holeduli duli duli duli
holeduli duli duli, holeduli duli duli du

2. Si het mir eis ghoue, das tuet mir so weh
jetzt mälch i myner Läbtig kei wyssi Geiss meh
holeduli...

3. Jetzt gan i i ds Stedtli u chouf mir e Geiss
kei wyssi, e bruuni, die hout mir e keis
holeduli...

4. Vo Bärn bis uf Bümpliz, da hets es Tunäll
we me ine chunt wirds dunkel, we me use chunt wirds häll
holeduli...

5. My Vater und d Mueter, sy sparsami Lüt
si flicke mir d Hose mit Härdöpfelhüt
holeduli...

C (e')

Du, du liegst mir im Herzen

1. Du, du liegst mir im Herzen
du, du liegst mir im Sinn
du, du machst mir viel Schmerzen
weisst nicht wie gut ich dir bin

ja ja ja ja

weisst nicht wie gut ich dir bin

2. So, so wie ich dich liebe
so, so liebe auch mich
die, die zärtlichsten Triebe
fühl ich allein nur für dich

ja ja...

3. Doch, doch darf ich dir trauen
dir, dir mit leichtem Sinn?
Du, du darfst auf mich bauen
weisst ja wie gut ich dir bin

ja ja...

4. Und, und wenn in der Ferne
mir, mir dein Bild erscheint
dann, dann wünscht ich so gerne
dass uns die Liebe vereint

ja ja...

Dur s Oberland uf, dur s Oberland ab

1. |: Dur s Oberland uf
dur s Oberland ab
do hani zwöi Schätzli
wer chouft mir eis ab? :|

2. |: Mi Schatz isch e schöne
er schönet no vil
er schönet und schönet
bis ne niemer meh will :|

3. |: Mi Schatz isch kei Zucker
wie bin i so froh
süscht hätt i ne gässe
jetz han i ne no :|

4. |: Der Herrgott im Himmel
und s Schätzli im Arm
der Herrgott macht sälig und
s Schätzli git warm :|

5. |: Dur s Oberland uf
dur s Oberland ab
do hani zwöi Schätzli
wer chouft mir eis ab? :|

D (fis')

Ein Vogel wollte Hochzeit machen

1. Ein Vogel wollte Hochzeit machen
in dem grünen Walde
fi di ru la la, fi di ru la la, fi di ru la la la la

2. Der Auerhahn, der Auerhahn
der war der würd'ge Herr Kapellan

3. Die Drossel war der Bräutigam
die Amsel war die Braute

4. Brautmutter war die Eule
nahm Abschied mit Geheule

5. Die Gänse und die Anten
das war'n die Musikanten

6. Der Kiebitz, der Kiebitz
der macht den allerschönsten Witz

7. Die Meise, die Meise
die sang das Kyrieleise

8. Die Puten, die Puten
die machten breite Schnuten

9. Der Seidenschwanz, der Seidenschwanz
der bracht der Braut den Hochzeitskranz

10. Nun ist die Vogelhochzeit aus
und alle ziehn vergnügt nach Haus

Es Burebüebli

1. Es Burebüebli man i nid
das gseht me mir wohl a, juhe
es Burebüebli man i nid
das gseht me mir wohl a
fidiri, fidira, fidirallalla, fidirallalla, fidirallalla
es Burebüebli man i nid
das gseht me mir wohl a

2. S mues eine sy gar hübsch und fyn
darf keini Fähler ha, juhe
s mues eine sy...

3. Und Herrebüebli gits ja nid
wo keini Fähler hei, juhe
und Herrebüebli...

4. Drum blyben i ledig bis i Hochzyt ha
de faht de d Liebi erscht rächt a
drum blyben i...

5. Da fallt mer no dr Jakob y
dä chönnt em Änd no ledig sy
da fallt mer...

6. Jtz gan i uf Amerika
u sueche dert e liebe Maa
jtz gan i...

Es wott es Froueli z Märit gah

1. Es wott es Froueli z Märit gah, z Märit gah
wott de Maa deheime la, *tralalalala, tralalalala*
wott de Maa deheime la, *tralalalala, lala*

2. *Los Hans, du muesch deheime blybe*
und de Hüener d Eier gryffe

3. *Im Ofe sy sächs grossi Chueche*
muesch mer ou zu dene luege

4. Am Abe wos isch sächsi gsy
si di Chueche gässe gsy

5. U wo das Froueli hei isch cho:
Maa, wo hesch mer d Chueche, wo?

6. Da nimmt das Froueli grad e Räche
wott dermit der Hans erstäche

7. Der Hans, dä springt zum Fänschter uus
louft zum Fritz is Nachberhuus

8. *Säg Fritz, mir müesse zäme ha*
d Frou wott mir der Grind verschla

9. *Los, Hansli, du bruuchsch nid so chlage*
myni het mi ou verschlage

10. *Die Froue sy es Lumpepack*
si us Strou und Hudle gmacht

11. *Mir Manne sy ganz anderi Lüt*
suufe vil und schaffe nüt

F (c')

Griess Gott Bääseli

1. Griess Gott Bääseli, kumm sitz zue
han i au e Stündeli Rueh
|: bi so gligglig tra la la la la
wenn i e Tässeli Kaffi ha :|

2. Isch das nit e brave Maa
är bringts Kaffi us Afrika
bi so gligglig...

3. Honig und Angge stehnd au do
bitti nimm doch au dervo
bi so gligglig...

4. Und wenns rägnet und wenns schneit
Und wenns Kätzli Gschiir verheit
bi so gligglig...

5. Jetze hör i säggsi schlo
näi wie doch die Zyt vergoht
bi so gligglig...

6. Adie Bääseli, läb jetz wohl
bitti kumm en andermol
bi so gligglig...

Hab oft im Kreise der Lieben

1. Hab oft im Kreise der Lieben
im duftigen Grase geruht
|: und mir ein Liedlein gesungen
und mir ein Liedlein gesungen
und alles, alles war hübsch und gut :|

2. Hab einsam auch mich gehärmet
in bangem düsterem Mut
|: und habe wieder gesungen
und habe wieder gesungen
und alles, alles war wieder gut :|

3. Und manches, was ich erfahren
verkocht ich in stiller Wut
|: und kam ich wieder zu singen
und kam ich wieder zu singen
war alles, alles auch wieder gut :|

4. Sollst uns nicht lange klagen
was alles dir wehe tut
|: nur frisch, nur frisch gesungen
nur frisch, nur frisch gesungen
und alles, alles wird wieder gut :|

A (cis')

Han amene Ort es Blüemli gseh

1. Han amene Ort es Blüemli gseh
es Blüemli rot und wyss
das Blüemeli gsehn i nimme meh
drum tuet es mir im Härz so weh
tuet mir im Härz so weh

O Blüemli my, o Blüemli my
i möcht, i möcht gärn bi der sy
O Blüemli my, o Blüemli my
i möcht gärn bi der sy

2. Ihr kennet mir mis Blüemli nit
s git numen eis eso
s isch leider Gott vil tuusig Schritt
vo hie; i gseh mis Blüemli nit
i gseh mis Blüemli nit

O Blüemli my...

3. Das Blüemli blüeit ach nit für mi
i darfs nit brächen ab
es mues en andre Kärli sy
das schmürzt mi drum so grüseli
schmürzt mi so grüseli

O Blüemli my...

4. U wen i einisch gstorbe bi
u ds Blüemeli o verdirbt
so tüet mer de mys Blüemeli
zu mir uf ds Grab, das bitten i
uf ds Grab, das bitten i

O Blüemli my...

C (c')

Horch, was kommt von draussen rein

1. Horch, was kommt von draussen rein *hollahi, hollaho*
wird wohl mein Feinsliebchen sein *hollahi, aho*
geht vorbei und schaut nicht rein *hollahi, hollaho*
wird´s wohl nicht gewesen sein *hollahi, aho*

2. Leute haben´s oft gesagt
was ich für ein Liebchen hab
lass sie reden, schweig fein still
kann ja lieben, wen ich will

3. Sagt mir's Leute ganz gewiss
was das für ein Lieben ist
die ich liebe, krieg ich nicht
und 'ne andre mag ich nicht

4. Wenn mein Liebchen Hochzeit hat
ist für mich ein Trauertag
geh ich in mein Kämmerlein
trage meinen Schmerz allein

5. Wenn ich dann gestorben bin
trägt man mich zum Grabe hin
setzt mir keinen Leichenstein
pflanzt mir drauf Vergissnichtmein

6. Wenn ich dann im Himmel bin
ist mein Liebchen auch darin
denn es ist ein alter Brauch
was sich liebt, das kriegt sich auch

A (e′)

Ich weiss nicht, was soll es bedeuten

1. Ich weiss nicht, was soll es bedeuten
dass ich so traurig bin
ein Märchen aus uralten Zeiten
das kommt mir nicht aus dem Sinn
Die Luft ist kühl und es dunkelt
und ruhig fliesst der Rhein
der Gipfel des Berges funkelt
im Abendsonnenschein

2. Die schönste Jungfrau sitzet
dort oben wunderbar
ihr goldnes Geschmeide blitzet
sie kämmt ihr goldenes Haar
Sie kämmt es mit goldenem Kamme
und singt ein Lied dabei
das hat eine wundersame
gewaltge Melodei

3. Den Schiffer im kleinen Schiffe
ergreift es mit wildem Weh
er schaut nicht die Felsenriffe
er schaut nur hinauf in die Höh
Ich glaube die Wellen verschlingen
am Ende Schiffer und Kahn
das hat mit ihrem Singen
die Lorelei getan

Im Aargau sind zwöi Liebi

1. Im Aargau sind zwöi Liebi
es Meiteli und es Büebli
die händ enander so gärn, gärn, gärn
die händ enander so gärn

2. Und der Jungchnab zog zu Kriege, und...
wenn chunt er wiederume hei...

3. Übers Johr im andere Summer, übers...
wenn d Stüdeli träget Laub...

4. Und s Johr und das wär ume, und...
und der Jungchnab ist wiederum hei...

5. Und er zog durs Gässli ufe, und...
wos schön Anni im Fänschterli lag...

6. Gott grüess di, du Hübschi, du Fyni, Gott...
vo Härze gfallscht du mir wohl...

7. Wie chan ich dir de gefalle, wie...
ha scho längscht e andere Maa...

8. En hübsche und e ryche, en...
der mi wohl erhalte cha...

9. Und er zog durs Gässli abe, und...
und er truuret und weinet so sehr...

10. Da begegnet ihm sini Frau Mutter, da...
warum weinisch und truurisch so sehr...

11. Was sött i nit weine und truure? Was...
jetzt han i keis Schätzeli meh...

12. Wärisch du deheime blibe, wärisch...
so hättisch dys Schätzeli no...

D (a)

In einem Polenstädtchen

1. In einem Polenstädtchen
da lebte einst ein Mädchen
das war so schön
/: Sie war das allerschönste Kind, das man in Polen findt
Aber nein, aber nein, sprach sie, ich küsse nie :/

2. Ich führte sie zum Tanze
da fiel aus ihrem Kranze
ein Röslein rot
/: Ich hob es auf von ihrem Fuss und bat um einen Kuss
Aber nein, aber nein, sprach sie, ich küsse nie :/

3. Und als der Tanz zu Ende
da reicht sie mir die Hände
zum Abschiedsgruss
/: Nimm hier du stolzer Kavalier den ersten Kuss von mir
vergiss Maruschka nicht, das Polenkind :/

4. Und als ich kam nach Polen
Maruschka mir zu holen
da war sie fort
/: Ich suchte hier, ich suchte dort, ich suchte sie an jedem Ort
ich fand Maruschka nicht, das Polenkind :/

5. Und unter einer Eiche
da lag das Mädchen bleiche
sie war so schön
/: Sie hielt ein Zettel in der Hand, darauf geschrieben stand:
Ich hab einmal geküsst und schwer gebüsst :/

L'on dit que la plus belle

1. L'on dit que la plus belle, c'est toi, c'est toi
la pauvre jardinière du roi, du roi
quand le Seigneur me garde, crois-moi, crois-moi
je ne prends jamais garde qu'à toi

2. Le matin quand j'arrose, crois-moi, crois-moi
auprès des fleurs je cause de toi, de toi
et de ces fleurs si belles, crois-moi, crois-moi
je cueille la plus belle pour toi

3. Et le soir quand je rentre, crois-moi, crois-moi
de suite je cours auprès de toi, de toi
c'est pour te dire, ma belle, crois-moi, crois-moi
que je n'aime sur la terre que toi

4. Le jour de fête, la reine au roi, au roi
lui causera mes peines de toi, de toi
et nous serons, j'espère, crois-moi, crois-moi
jardinier et jardinière du roi

C (e')

Lili Marleen

1. Vor der Kaserne, vor dem grossen Tor
stand eine Laterne und steht sie noch davor
so wolln wir uns da wiedersehn
bei der Laterne wolln wir stehn
|: wie einst Lili Marleen :|

2. Unsre beiden Schatten sahn wie einer aus
dass wir so lieb uns hatten, das sah man gleich daraus
und alle Leute solln es sehn
wenn wir bei der Laterne stehn
|: wie einst Lili Marleen :|

3. Schon rief der Posten, sie blasen Zapfenstreich
es kann drei Tage kosten. Kamerad, ich komm ja gleich
da sagten wir auf Wiedersehn
wie gerne wollt ich mit dir gehn
|: mit dir Lili Marleen :|

4. Deine Schritte kennt sie, deinen zieren Gang
alle Abend brennt sie, mich vergass sie lang
und sollte mir ein Leids geschehn
wer wird bei der Laterne stehn
|: mit dir Lili Marleen :|

5. Aus dem stillen Raume, aus der Erde Grund
hebt mich wie im Traume, dein verliebter Mund
wenn sich die späten Nebel drehn
werd ich bei der Laterne stehn
|: wie einst Lili Marleen :|

Musik: Norbert Schultze / Text: Hans Leip

Lustig ist das Zigeunerleben

1. Lustig ist das Zigeunerleben *faria, faria ho*
brauchen dem Kaiser kein Geld zu geben *faria, faria ho*
lustig ist es im grünen Wald
wo des Zigeuners Aufenthalt
faria, faria, faria faria, fario

2. Sollt uns einmal der Hunger plagen
gehn wir uns ein Hirschlein jagen
Hirschlein, nimm dich wohl in acht
wenn des Zigeuners Büchse kracht
faria...

3. Sollt uns einmal der Durst sehr quälen
gehn wir zu den Wasserquellen
trinken das Wasser vom moos'gen Stein
meinen, es müsse Champagner sein
faria...

4. Wenn wir auch kein Federbett haben
tun wir uns ein Loch ausgraben
legen Moos und Reisig drein
das soll unser Federbett sein
faria...

5. Und geht dann die Sonne nieder
brennt das Lagerfeuer wieder
reich mir schnell die Fiedel zu
schwarzbraun Mädel, tanz dazu
faria...

C (c')

Mäiteli, wenn du witt go tanze

1. Mäiteli, wenn du witt go tanze
gang du nur dä Gyge na
da wos gyged, da wos orgelet hets nu immer Buebä,Buebä
da wos gyged, da wos orgelet hets nu immer Buebä gha

Zogä, zogä zogänam Bogä
Sunntig isch scho mängisch gsy
und uf drymal hundert Wärchtig darf scho äinisch Chilbi sy

Jo, jo, jo jo, zogänam Bogä
Sunntig isch scho mängisch gsy
und uf drymal hundert Wärchtig darf scho Chilbi sy

2. Geschter het der Vater dänglet
und miär Buebä hend ems gmäit
und bim Zabig händs ä grüüseli grossi Gyge, Gyge, Gyge
und bim Zabig händs ä grüüseli grossi Gyge umeträit
Zogä, zogä...

3. D Mäiteli träppele scho bim Chüechle
d Mueter singt und trölt dr Täig
und äs isch, als obs der Vater ou scho i dä Bäine, Bäine
und äs isch, als obs der Vater ou scho i dä Bäine häig
Zogä, zogä...

4. Und im Himmel obä losed
d Ängeli und Cäcilia
und dr häilig Jakob syfzged, chönt ig doch ou zuene abe
und dr häilig Jakob syfzged, chönt ig doch ou z Chilbi ga
Zogä, zogä...

F (c')

Mues immer de ploogeti Hansli si

1. Mues immer de ploogeti Hansli si, so lang i läbe, so lang i bi
mues immer de ploogeti Hansli si, so lang i läbe und bi

halli hallo, halli hallo
bi üs geits immer wie länger wie schlimmer
halli hallo, halli hallo
bi üs geits immer eso

2. Mi Frou isch sibezähni gsy, und i präzis so alt wie si
mi Frou isch sibezähni gsy und i so alt wi si

3. Ha gmeint, i heig e gschydi Frou, jetz han i nume e Sack voll Strou
ha gmeint i heig e gschydi Frou, jetz han i e Sack voll Strou

4. Wenn ig emol es Büebli ha, so mues es heisse: Hanslimaa
wenn ig emol es Büebli ha, muess heisse: Hanslimaa

5. Und wenn i a my Hansli tänk, so gwaggele alli Stüel u Bänk
und wenn i a my Hansli tänk, so gwaggele Stüel u Bänk

6. Sächs Buebe, sächs Meitschi, das sötts öppe tue
sösch hesch de am Oobe ou gar kei Rue
Sächs Buebe, sächs Meitschi, das sötts öppe tue
sösch hesch de am Oobe kei Rue

7. So langs no schöni Meitschi git, so lang verloufe sich d Buebe nit
so langs no schöni Meitschi git, verloufe sich d Buebe nit

Muss i denn, muss i denn zum Städtele hinaus

1. Muss i denn, muss i denn
zum Städtele hinaus, Städtele hinaus
und du mei Schatz bleibst hier?

Wenn i komm, wenn i komm
wenn i wieder, wieder komm, wieder, wieder komm
kehr i ei mei Schatz, bei dir

Kann i glei net allweil bei dir sei, han i doch mei Freud an dir

Wenn i komm, wenn i komm
wenn i wieder, wieder komm, wieder, wieder komm
kehr i ei, mei Schatz, bei dir

2. Wenn du weinst, wenn du weinst
dass i wandere muss, wandere muss
wie wenn d'Lieb jetzt wär vorbei

Sind au drauss, sind au drauss
der Mädele viel, Mädele viel
lieber Schatz i bleib dir treu

Denk du net, wenn i a andre seh no sei mei Lieb vorbei

Sind au drauss....

3. Übers Jahr, übers Jahr
wenn mer Träubele schneidt, Träubele schneidt
stell i hier mi wiedrum ei

Bin i dann, bin i dann
dei Schätzele no, Schätzele no
so soll die Hochzeit sei

Übers Jahr, do ischt mei Zeit vorbei, da g'hör i mei und dei

Bin i dann...

My Bonnie is over the ocean

1. My Bonnie is over the ocean
my Bonnie is over the sea
my Bonnie is over the ocean
oh bring back my Bonnie to me

Bring back, bring back
oh bring back my Bonnie to me, to me
bring back, bring back
oh bring back my Bonnie to me

2. Oh blow the winds over the ocean
oh blow the winds over the sea
oh blow the winds over the ocean
and bring back my Bonnie to me

Bring back...

3. Last night as I lay on my pillow
last night as I lay on my bed
last night as I lay on my pillow
I dreamed that my Bonnie was dead

Bring back...

4. The winds have blown over the ocean
the winds have blown over the sea
the winds have blown over the ocean
and brought back my Bonnie to me

Brought back, brought back
oh brought back my Bonnie to me, to me
brought back, brought back
oh brought back my Bonnie to me

C (es')

Nach em Räge schynt d Sunne

1. Wenns de ganzi Tag au schüli grägnet het
so als ob es nümme höre wett
chunnt am Abig ganz verstohle d Sunne uf
seit si gueten Abig no im Bett

Nach em Räge schynt d Sunne, nach em Briegge wird glacht
duli, duli, dujaho, hoduli dulidu

nach em truurige Gsichtli, wird e fründlichers gmacht
duli, duli, dujaho, hoduli dulidu

das isch so
und blybt so
mys Schätzli
das isch der ewig Lauf vor Wält

nach em Räge schynt d Sunne, nach em Briegge wird glacht
duli, duli, dujaho, hoduli dulidu

2. Nie isch uf der Wält für eus en Schmerz so gross
dass mer en mit Müe nüd träge chönnt
s Läbe wär ja währli nümme läbeswärt
wenn de Mänsch gar nümme lache wett

Nach em Räge schynt d Sunne...

Musik und Text: Artur Beul

C (g')

O du liebs Ängeli

1. O du liebs Ängeli, Rosmarinstängeli
o du liebs Härzeli, tue nid eso
Zittre nid eso, tue nid eso, ds Hüsli fallt hüt nid um
zittre nid eso, tue nid eso, ds Hüsli fallt nid um

2. O du liebs Ängeli, Rosmarinstängeli
alliwil, alliwil dänk i a di
Zittre nid eso, tue nid eso, ds Hüsli fallt hüt nid um
zittre nid eso, tue nid eso, ds Hüsli fallt nid um

Que sera, sera

1. Won i ä chlyne Bueb bi gsy
han i my Vater gfragt, was wird us mir
bin i mal glücklich, chum i mal für
är het gseit: i säge dir

Que sera, sera
was immer wird sy, wird sy
u Zuekunft, die gseh mir nid
que sera, sera
was wird sy, wird sy

2. U won i jung verliebt bi gsy
han i my Liebschti gfragt, blybsch by mir
tuesch mit mir ga, dür Ys u dür Füür
si het gseit: I säge dir

Que sera, sera...

3. Jtz won i säuber Chinder ha
frage si mi, was wird mal no cho
wärde mir glücklich, wärde mir froh
i säge ine o

Que sera, sera...

Musik und Text: Ray Evans / Jay Livingston

Sah ein Knab ein Röslein stehn

1. Sah ein Knab ein Röslein stehn
Röslein auf der Heiden
war so jung und morgenschön
lief er schnell es nah zu sehn
sah's mit vielen Freuden

Röslein, Röslein, Röslein rot
Röslein auf der Heiden

2. Knabe sprach: Ich breche dich
Röslein auf der Heiden
Röslein sprach: Ich steche dich
dass du ewig denkst an mich
und ich will's nicht leiden

Röslein...

3. Und der wilde Knabe brach
's Röslein auf der Heiden
Röslein wehrte sich und stach
half ihm doch kein Weh und Ach
musst es eben leiden

Röslein...

Em (h)

S isch äben e Mönsch uf Ärde

1. *|: S isch äben e Mönsch uf Ärde, Simelibärg :|*
und s Vreneli ab em Guggisbärg
und s Simes Hansjoggeli änet em Bärg
s isch äben e Mönsch uf Ärde, dass i möcht bin ihm sy

2. *|: Und man er mir nid wärde, Simelibärg :|*
und s Vreneli…
und man er mir nid wärde, vor Chummer stirben i

3. *|: Und stirben i vor Chummer, Simelibärg :|*
und s Vreneli…
und stirben i vor Chummer, so leit me mi is Grab

4. *|: Dört unten i dr Tiefi, Simelibärg :|*
und s Vreneli…
dört unten i dr Tiefi, da steit es Mühlirad

5. *|: Das mahlet nüt als Liebi, Simelibärg :|*
und s Vreneli…
das mahlet nüt als Liebi, die Nacht und auch den Tag

6. *|: Und s Mühlirad isch broche, Simelibärg :|*
und s Vreneli…
und s Mühlirad isch broche, und d Liebi het es Änd

S isch mer alles eis Ding

1. S isch mer alles eis Ding
ob i lach oder sing
|: han es Härzeli wie nes Vögeli
darum lieben i so ring :|

2. U mys Härzli isch zue
s cha mers niemer uftue
|: als es einzigs schlaus Bürschteli (Meiteli)
het es Schlüsseli derzue :|

3. Und du bruuchsch mir nid z trutze
ja süsch trutz i dir ou
|: so nes Bürschteli (Meiteli) wie du eis bisch
so nes Meiteli (Bürschteli) bin i ou :|

4. Drum isch mer alles eis Ding
ob i lach oder sing
|: ha nes Härzeli wie nes Vögeli
darum lieben i so ring :|

C (g')

S Ramseyers wei go grase

1. *|: S Ramseyers wei go grase :|*
s Ramseyers wei go grase wohl uf e Gümmligebärg
fidiri fidira fidiralalalala, fidiri fidira fidiralalalala
s Ramseyers wei go grase wohl uf e Gümmligebärg

2. *|: Der Ältischt geit a d Stange :|*
der Ältischt geit a d Stange die angere hingerdry
fidiri fidira...

3. *|: Er lat die Stange fahre :|*
er lat die Stange fahre und s Gras gheit hinger i Dräck
fidiri fidira...

4. *|: Da chunt der alt Ramseyer :|*
da chunt der alt Ramseyer mit em Stäcken i der Hand
fidiri fidira...

5. *|: Chöit dir nid besser achtig gä :|*
chöit dir nid besser achtig gä ihr Donners Schnuderihüng
fidiri fidira...

6. *|: Moll, moll, mir chöi scho achtig gä :|*
moll, moll, mir chöi scho achtig gä, si keini Schnuderihüng
fidiri fidira...

S Träumli

1. Plötzlich stohsch im Urwald du
im dicke höche Busch
es chunnt e Mönschefrässer druus
und wott di schnappe, husch

Du loufsch, so schnäll dass d loufe chasch
über Stock und Stei
jetz ligsch du plötzlich i dym Bett
erwachsch mit lutem Schrei

S isch ja nur es chlyses Träumli gsy
Träumli si ja doch so schnäll verby
s isch ja nur es chlyses Träumli gsy
Träumli si so schnäll verby

2. Geisch mol mit dym liebe Schatz
ga bummle über Land
zum Bänkli ufem grüene Platz
ganz noch bim Waldesrand

Dert wotsch em no nes Küssli gä
will s Schätzli das gärn het
jetz isch es plötzlich nümme do
und du ligsch wach im Bett

S isch ja nur...

Musik und Text: Christian Boss

Stägeli uf Stägeli ab

1. S Läbe isch en Traum
doch d Mensche merkeds kaum
und gsehnds es endli y
dänn isch de Traum verby

2. S Glück verbricht wie Glas
doch über alls wachst Gras
bricht dir vor luter Schmerz
fascht s Herz

|: Stägeli uf, Stägeli ab, juhe
Stägeli uf, Stägeli ab, juhe
s goht doch im Läbe nüd immer nur abe
uf eimal gohts wider durs Stägeli ufe wie nüt
zur Zyt :|

3. Wenn i luschtig bi
dänn fallts mir plötzli y
mys Schätzli seig nüd treu
so eistig furt elei

4. Aber dänn dänk i
bi ihm wirds au so sy
so dänked beid für sich
as glych

Stägeli uf, Stägeli ab...

Musik/ Text: Artur Beul

Stets i Truure mues i läbe

1. Stets i Truure mues i läbe
säg, mit was han is verschuldt?
|: wül my Schatz isch untreu worde
mues is lyde mit Geduld :|

2. Bisch mer zwar us mynen Ouge
aber nid us mynem Sinn
|: hättisch mir wohl dörfe gloube
dass i treu gewese bin :|

3. Rächti Liebi chunnt vo Härze
rächti Liebi, die brönnt heiss
|: oh, wie wohl ischs einem Mönsche
wo nid weiss, was Liebi heisst :|

4. Spilet uuf, ihr Musikante
spilet uuf, das Saitespil
|: mynem Schätzli zu Gefalle
mögs verdriesse, wär es will :|

5. Bis die Bärge sich tüe biege
u die Hügel sänke sich
|: bis die Dischtle trage Fyge
solang will i liebe di :|

6. Bis dr Mühlistei treit Räbe
u druus fliesst so süesse Wy
|: bis dr Tod mir nimmt das Läbe
solang söllsch du blybe my :|

F (f')

Tär i nöd e bitzeli

1. Tär i nöd e bitzeli, tär i nöd e chly
tär i nöd e bitzeli loschtig sy
tär i nöd e bitzeli, tär i nöd e chly
tär i nöd e bitzeli sy

djäü düdli dütü, djäü düdli dü,
djäü düdli dütü, djäü düdli dü,
djäü düdli dütü, djäü düdli dü,
djäü düdli dütü, djo

2. Jo, du tääscht e bitzeli, jo du tääscht ä chly
jo, du tääscht e bitzeli loschtig sy...

3. Wemmer nöd e bitzeli, wemmer nöd e chly...

4. Jo, mer wend e bitzeli, jo, mer wend e chly...

5. Sömmer nöd e bitzeli, sömmer nöd e chly...

6. Jo, mer sönd e bitzeli, jo, mer sönd e chly...

Uf em Bärgli bin i gsässe

1. Uf em Bärgli bin i gsässe
und ha gjohled, bin umetroled
und ich weiss ja so wohl
dass me ned so umetrole soll

fidiru, fidi fidirulallala, fidirulallala, fidirulallala

und ich weiss ja so wohl
dass me ned so umetrole soll

2. Und am Seeli bin i gschtande
und ha Steinli grüert und gluegt wies Ringli gitt
und ich weiss ja so wohl
dass me keini Steinli rüere soll

fidiru...

3. Uf em Bänkli bin i gsässe
und s isch dunkel gsy und ich bi nöch zuegrütscht
und ich weiss ja so wohl
dass me ned so nöch zuerütsche soll

fidiru...

4. Und es Müntschi han i gäbe
und das freut mi no so lang i läbe
und ich weiss ja so wohl
dass me keini Müntschi gäbe soll

fidiru...

D (a)

Wenn alle Brünnlein fliessen

1. Wenn alle Brünnlein fliessen
so muss man trinken
wenn ich mein Schatz nicht rufen darf
tu ich ihm winken
wenn ich mein Schatz nicht rufen darf, ju ja, rufen darf
tu ich ihm winken

2. Ja, winken mit den Äugelein
und treten auf den Fuss
's ist eine in der Stube drin
die meine werden muss
's ist eine in der Stube drin, ju ja, Stube drin
die meine werden muss

3. Warum sollt sie's nicht werden
ich hab sie ja so gern
sie hat zwei blaue Äugelein
die leuchten wie zwei Stern
sie hat zwei blaue Äugelein, ju ja, Äugelein
die leuchten wie zwei Stern

4. Sie hat zwei rote Wängelein
sind röter als der Wein
ein solches Mädel findst du nicht
wohl unterm Sonnenschein
ein solches Mädel findst du nicht, ju ja, findst du nicht
wohl unterm Sonnenschein

Wie die Blümlein draussen zittern

1. Wie die Blümlein draussen zittern
in der Abendlüfte Wehn
und du willst mir's Herz verbittern
und du willst nun von mir gehn
|: O bleib bei mir und geh nicht fort
mein Herz ist ja dein Heimatort :|

2. Hab geliebt dich ohne Ende
hab dir nie was Leids getan
und du drückst mir stumm die Hände
und du fängst zu weinen an
|: O weine nicht und geh nicht fort
mein Herz ist ja dein Heimatort :|

3. Ach, da draussen in der Ferne
sind die Menschen nicht so gut
und ich gäb für dich so gerne
all mein Leben, all mein Gut
|: O bleib bei mir und geh nicht fort
mein Herz ist ja dein Heimatort :|

Wir sitzen so traulich beisammen

1. Wir sitzen so traulich beisammen
und haben einander so lieb
|: erheitern einander das Leben
ach wenn es doch immer so blieb :|

2. Es kann ja nicht immer so bleiben
hier unter dem wechselnden Mond
|: es blüht eine Zeit, dann verwelket
was mit uns die Erde bewohnt :|

3. Doch weil es nicht immer so bleibet
so haltet die Freunde recht fest
|: wer weiss denn, wie bald uns zerstreuet
das Schicksal nach Ost und nach West :|

4. Und sind wir auch fern voneinander
so bleiben die Herzen sich nah
|: und alle, ja alle wird's freuen
wenn einem was Gutes geschah :|

5. Und kommen wir wieder als Freunde
zusammen auf wechselnder Bahn
|: so knüpfen ans fröhliche Ende
den fröhlichen Anfang wir an :|

Zogän am Bogä

1. Zogän am Bogä, dr Landammä tanzät
wia dr Tyfel dur Dili durä gschwanzät
düli düli dü pfyft s Chlarinett
hitä gämmir nit i ds Bett

|: jüppi didüi und Zettäli dra
nur immer scheen dä Wända nah :|

2. Sepp nimm ds Vrenäli rächt a di anä
häb di am Rock wiä amänä Fahnä
nimms rächt zuächä und häbs umä Büüch
hit wird Tanzät, hit gats rüüch
jüppi-didüi...

3. Bedälä, chäibe, tanzä und schwitzä
d Tschepä abziä und d Ärmel umälitzä
hitä tanzät diä Jung und dr Alt
und d Sü und dr Bock und dr Stiär und ds Chalb
jüppi-didüi...

4. Und wenns dr Pfarrär nid mag lydä
so gänt ihm an alti Kaffimihli z trybä
und wer nit tanzä und bedälä cha
dem trürät, wenns ä butzt, käi Tyfel derna
jüppi-didüi...

C (g)

Dr Schacher Seppli

1. I bi der Schacher Seppeli, im ganze Land bekannt
bi früener s flöttischt Bürschtli gsy, jetz bin i ä Vagant
Bi z fride, wenn i z Nacht chly Stroh, am Tag mys Schnäpsli ha
und wenn der Herrgott Gsundheit git, s isch alls was bruicht ja,ja

2. S gaht uf der Wält gar artig zue, i has scho mengisch gseh
dass d Lyt wäg däm verfliochtä Gäld änand tüend gruisig weh
Wie schön chennts doch hie une sy, der Vogel uf em Boim
är singt: Chum lueg dys Ländli a, diä Schwyz isch doch ä Troim

3. S isch mänge hüt ä rycha Maa, doch äbe, wies cha gah
er stirbt und mioss sys liebe Gäld dä andrä Lytä la
Mä treit ä uf ä Chilehof grad näbe ärmschta Maa
ä jede mioss as glych Ort hi, s isch sicher wahr, ja, ja

4. Wie gleitig gaht diä Zyt verby, es Jährli u nu eis
es dunkt eim, sett nid mögli sy, jetzt bi ni scho ä Greis
Und gaht de s Himmelstürli uif, und wott ich ine gah
so rüefen i: He, Peterus, der Schacher Sepp isch da

5. Und gaht de s Himmelstürli uif, staht breit der Petrus da
er rüeft mer zio: Eh, sälü Sepp, bisch dui nun oi scho da
Chumm nume ine, chumm und leg dys Himmelsgwändli a
diä arme und verlassne Lyt müens schön im Himmel ha

diä arme und verlassne Lyt müens schön im Himmel ha

A (e')

Dr Tyfel isch gschtorbu

1. Dr Tyfel isch gschtorbu, d Grossmüeter läbt no
schi hät drum zum Früestück scho s Zweierli gno
dr Tyfel isch gschtorbu, d Grossmüeter läbt no
schi hät drum scho s Zweierli gno

Im Wallis ischs Läbe so wunderplunderschön
da gschpiirt mo de Früeling sogar bim greschte Föhn
d Meitieni gschpiirend de Früeling eu
susch gang doch go lüego im Schtreu

2. Dr Tyfel isch gschtorbu, d Grossmüeter läbt no
schi hät drum zum z Mittag e Pfiife voll gno
dr Tyfel isch gschtorbu, d Grossmüeter läbt no
schi hät drum ä Pfiife voll gno

Im Wallis ischs Läbe...

3. Dr Tyfel isch gschtorbu, d Grossmüeter läbt no
schi hät drum am Abend vill Liebi vercho
dr Tyfel isch gschtorbu, d Grossmüeter läbt no
schi hät drum vill Liebi vercho

Im Wallis ischs Läbe...

Musik und Text: Peter Reber,
Rolf Zuchowski, teilweise traditionell

C (c')

Fuchs, du hast die Gans gestohlen

1. Fuchs, du hast die Gans gestohlen
gib sie wieder her, gib sie wieder her
|: sonst kommt dich der Jäger holen
mit dem Schiessgewehr :|

2. Seine grosse, lange Flinte
schiesst auf dich das Schrot, schiesst auf dich das Schrot
|: dass dich färbt die rote Tinte
und dann bist du tot :|

3. Liebes Füchslein lass dir raten
sei doch nur kein Dieb, sei doch nur kein Dieb
|: nimm, du brauchst nicht Gänsebraten
mit der Maus vorlieb :|

Hüaho, alter Schimmel

1. Hüaho, alter Schimmel, hüaho
unser Weg ist der gleiche sowieso
|: hier und dort und überall
findet jeder seinen Stall
hüaho, alter Schimmel, hüaho :|

2. Hüaho, alter Schimmel, hüaho
geht's bergab, sind wir alle beide froh
|: aber geht es dann bergauf
hört die gute Laune auf
hüaho, alter Schimmel, hüaho :|

3. Hüaho, alter Schimmel, hüaho
ja, wir zwei gehn zusammen sowieso
|: durch die Wüste, durch den Sand
in ein schönres, bessres Land
hüaho, alter Schimmel, hüaho :|

4. Hüaho, alter Schimmel, hüaho
unsre Freuden und Sorgen bleiben so
|: wie das Leben sie uns bringt
und ein jeder Tag gelingt
hüaho, alter Schimmel, hüaho :|

C (g')

I bin en Italiano

1. I bin en Italiano und spile guet Piano
i gane in Fabrigg und mache Stugg für Stugg

O mia bella cara Margherita
wohne dir gerade visavia
bringe dir en ggliine Standelio
o ggum e bisseli abe
oder söll i ufe ko

2. Du bisch e ggaibe Netti, häsch goldigi Uhreggetti
häsch vili Gäld im Sagg und eigeni Baragg

O mia bella...

3. Du muesch mi nid uslagge mit miner Muurerjagge
mit miner Muurersurz, er isch un poco ggurz

O mia bella...

4. Du bisch min liebe Stern, drum han i di so gern
ei ggum e bisseli here und gimmer Gguss uf Snörre

O mia bella...

5. Und duesch mi nid erhöre, so tueni mi verswöre
i stürz mi in die Flut und magge mi caputt

O mia bella...

Là-haut sur la montagne

1. *|: Là-haut sur la montagne*
l'était un vieux chalet :|
murs blancs, toit de bardeaux
devant la porte un vieux bouleau
Là-haut sur la montagne
l'était un vieux chalet

2. *|: Là-haut sur la montagne*
croula le vieux chalet :|
la neige et les rochers
s'étaient unis pour l'arracher
Là-haut sur la montagne
croula le vieux chalet

3. *|: Là-haut sur la montagne*
quand Jean vint au chalet :|
pleura de tout son cœur
sur les débris de son bonheur
Là-haut sur la montagne
quand Jean vint au chalet

4. *|: Là-haut sur la montagne*
l'est un nouveau chalet :|
car Jean d'un coeur vaillant
l'a reconstruit plus beau qu'avant
Là-haut sur la montagne
l'est un nouveau chalet

G (d')

Myn Vater isch en Appezöller

1. Myn Vater isch en Appezöller *trioloi trioloi o loi o*
er frisst de Chäs mit samt em Täller *trioloi trioloi o*
|: jo hui, jo hui, trioloi trioloi o loi o :|

2. My Mueter isch e Schwyzeri *trioloi...*
hed d Stube volle Gitzeli *trioloi...*
jo hui, jo hui...

3. My Vater het e grossi Nase *trioloi...*
es gäb e rächti Bluemevase *trioloi...*
jo hui, jo hui...

4. My Mueter ischt e Chüechlifrau *trioloi...*
und wenn si het, so gets mer au *trioloi...*
jo hui, jo hui...

5. Myn Vater ischt en brave Maa *trioloi...*
het d Suntighose am Werchtig a *trioloi...*
jo hui, jo hui...

Musik und Text: Volkslied

Zwei kleine Italiener

1. Zwei kleine Italiener, die träumen von Napoli
von Tina und Marina, die warten schon lang auf sie
zwei kleine Italiener, die sind so allein

Eine Reise in den Süden ist für andre schick und fein
doch die beiden Italiener möchten gern zu Hause sein

Oh Tina, oh Marina, wenn wir uns einmal wieder sehn
oh Tina, oh Marina, dann wird es wieder schön

2. Zwei kleine Italiener vergessen die Heimat nie
die Palmen und die Mädchen am Strande von Napoli
zwei kleine Italiener, die sehen es ein

Eine Reise in den Süden...

3. Zwei kleine Italiener, am Bahnhof, da kennt man sie
sie kommen jeden Abend zum D-Zug nach Napoli
zwei kleine Italiener sehn stumm hintendrein

Eine Reise in den Süden...

Musik: Christian Bruhn / Text: Georg Buschor

Die Zusammenstellung dieses Textbuches ist urheberrechtlich geschützt. Nachfolgend finden Sie zu allen enthaltenen Liedern die Urheber bzw. die Quellenangaben. Bei urheberrechtlich geschützten Titeln ist zudem der Originalverlag angegeben.

1 **Herr bleibe bei uns**
Musik: Albert Thate / Text: Lukas 24,29

1 **Leit uns in allen Dingen**
Musik und Text: Adolf Seifert
© by Bärenreiter-Verlag Karl Vötterle GmbH & Co. KG, Kassel

1 **Vom Aufgang der Sonne**
Musik: Paul Ernst Ruppel / Text: Psalm 113.3
© Möseler Verlag. Mit freundlicher Genehmigung Schott Music, Mainz

2 **Alles schweiget**
Musik und Text: Joseph Haydn

2 **Danket, danket dem Herrn**
Musik: Volksweise / Text: Psalm 106,1

2 **Froh zu sein**
Musik und Text: August Mühling

3 **Frère Jaques**
Musik und Text: Volkslied

3 **Hejo, spannt den Wagen an**
Musik und Text: Volkslied

4 **Am Brunnen vor dem Tore**
Musik: Franz Schubert / Text: Wilhelm Müller

5 **Die Gedanken sind frei**
Musik und Text: Volkslied

6 **Die goldne Sonne**
Musik: Johann Georg Ebeling / Text: Paul Gerhardt

7 **E gschänkte Tag**
Musik und Text: Adolf Stähli
© Büro Adolf Stähli

8 **Freut euch des Lebens**
Musik: Volksweise / Text: Joh. Martin Usteri

9 **Grosser Gott wir loben dich**
Musik: Wien, 1774 / Text: Ignaz Franz

10 **Hab Sonne im Herzen**
Musik: Justus Wilhelm Lyra /
Text: Cäsar Otto Hugo Flaischlen

11 **Höch ob de letschte Matte (S Chilchli)**
Musik und Text: Emil Grolimund
© Ruh Musik AG

12 **Hört ihr Herrn und lasst euch sagen**
Musik und Text: Volkslied

13 **Im schönsten Wiesengrunde**
Musik: Volksweise / Text: Wilhelm Ganzhorn

14 **Lobe den Herren**
Musik: Stralsund, 1665 / Text: Joachim Neander

15 **Mys Müeti het mer brichtet**
Musik: Alfred Frei / Text: Joseph Reinhart

16 **Nun danket alle Gott**
Musik: Johann Crüger / Text: Martin Rinckart

17 **Schön ist die Jugend**
Musik und Text: Volkslied

18 **So nimm denn meine Hände**
Musik: Friedrich Silcher / Text: Julie von Hausmann

19 **Unser Leben gleicht der Reise (Beresinalied)**
Musik: Johann Immanuel Müller /
Text: Ludwig Giseke

20 **Wie lieblich schallt durch Busch und Wald**
Musik: Friedrich Silcher /
Text: Christoph von Schmid

21 **All Morgen ist ganz frisch und neu**
Musik: Wittenberg, 1537 / Text: Johannes Zwick

22 **Morge früe, wenn d Sunne lacht**
Musik und Text: Volkslied

23 **Lueget vo Bärge und Tal**
Musik: Ferdinand Huber / Text: Jos. Anton Henne

24 **Der Mond ist aufgegangen**
Musik: J. A. Peter Schulz / Text: Matthias Claudius

25 **Guter Mond, du gehst so stille**
Musik: Anton Neyer / Text: Karl Enslin

26 **Guten Abend, gut Nacht**
Musik und Text: Johannes Brahms

27 **Die Blümelein sie schlafen**
Musik: Volksweise /
Text: Anton Wilhelm von Zuccalmaglio

28 **Die Nacht ist ohne Ende**
Musik und Text: Joseph Osterwalder

29 **Alle Vögel sind schon da**
Musik: Volksweise /
Text: Hoffmann von Fallersleben

30 **Alles neu macht der Mai**
Musik: Volksweise / Text: H. Adam v. Kamp

31 **D Zyt isch do**
Musik: Casimir Meister / Text: Josef Reinhart

32 **Der Früelig isch ou scho uf d Bärge cho**
Musik und Text: Emma Hofer

33 **Der Mai ist gekommen**
Musik: Justus Wilhelm Lyra / Text: Emanuel Geibel

34 **Der Uschtig wott cho**
Musik: Ferdinand Huber /
Text: Gottlieb Jakob Kuhn

35 **Es tönen die Lieder**
Musik und Text: Volkslied

36 **Grüss Gott, du schöner Maien**
Musik und Text: Volkslied

37 **Komm lieber Mai**
Musik: Wolfgang Amadeus Mozart /
Text: Christian Adolph Overbeck

38 **Kuckuck, Kuckuck rufts aus dem Wald**
Musik: Volksweise /
Text: Hoffmann von Fallersleben

38 **Leise zieht durch mein Gemüt**
Musik: Felix Mendelssohn / Text: Heinrich Heine

39 **La Pastorella**
Musik und Text: Walter Geiger / Robert Jung
Copyright © 1975 Edition Montana. All Rights Administered by BMG Rights Management GmbH. All Rights Reserved. Used by Permission of Hal Leonard Europe Limited

40 **L'inverno l'è passato**
Musik und Text: Volkslied

41 **Lueg use, der Winter isch uuf und dervo**
Musik und Text: Volkslied

42 **Nun will der Lenz uns grüssen**
Musik und Text: Volkslied

43 **Roti Rösli im Garte**
Musik und Text: Volkslied

44 **Schöner Frühling, komm doch wieder**
Musik: Volksweise /
Text: Hoffmann von Fallersleben

45 **Wenn d Schneeballe blüejet im Mai**
Musik und Text: Emma Hofer

46 **An einem Sommermorgen**
Musik: Volksweise / Text: Theodor Fontane

47 **Chumm mir wei ga Chrieseli gwinne**
Musik und Text: Volkslied

48 **Geh aus mein Herz und suche Freud**
Musik: Augustin Harder / Text: Paul Gerhardt

49 **S wott aber e luschtige Summer gä**
Musik und Text: Karl Geiser

50 **Weisst du wie viel Sternlein stehen**
Musik: Ferdinand Huber / Text: Gottlieb Jakob Kuhn

51 **Ach, wie churzen üsi Tage**
Musik: Ferdinand Huber /
Text: Gottlieb Jakob Kuhn

52 **Bunt sind schon die Wälder**
Musik: Johann Friedrich Reichhardt /
Text: Johann Gaudenz Frhr. v. Salis

53 **Das Laub fällt von den Bäumen**
Musik: Volksweise /
Text: Siegfried August Mahlmann

54 **Rote Wolken am Himmel**
Musik: Volksweise / Text: Johanna Spyri

55 **Es schneielet, es beielet**
Musik und Text: Volkslied

56 **I Mueters Stübeli**
Musik und Text: Volkslied

57 **Leise rieselt der Schnee**
Musik und Text: Eduard Ebel

58 **Schneewalzer**
Musik: Thomas Koschat / Text: Jo Lunval

59 **Winter ade, scheiden tut weh**
Musik: Volksweise /
Text: Hoffmann von Fallersleben

60 **Da höch uf de Alpe**
Musik und Text: Volkslied

61 **Dei oben uf em Bärgli**
Musik und Text: Volkslied

62 **Es klappert die Mühle**
Musik: Volksweise / Text: Ernst Anschütz

63 **Gang rüef de Bruune**
Musik und Text: Volkslied

64 **Im Märzen der Bauer**
Musik und Text: Volkslied

65 **Im Wald und auf der Heide**
Musik: F. L. Gehricke / Text: Wilhelm Bornemann

66 **Mir Senne heis luschtig**
Musik und Text: Volkslied

67 **Mit dem Pfeil, dem Bogen**
Musik: Anselm Weber / Text: Friedrich Schiller

68 **S Brienzerbuurli**
Musik und Text: Johann Michel

69 **Schuemächerli, Schuemächerli**
Musik und Text: Volkslied

69 **Uf de Alpe obe isch e herrlichs Läbä**
Musik und Text: Volkslied

70 **Wie maches de die Zimmerlüt**
Musik und Text: Volkslied

71 **Am Thunersee**
Musik und Text: Adolf Stähli
© Büro Adolf Stähli

72 **Bärnbiet**
Musik und Text: Jakob Ummel
© Liederverlag Ruch-Ummel, Biel/Bienne

73 **Bärn du edle Schwyzerstärn**
Musik und Text: Volkslied

74 **Bärnermarsch**
Musik und Text: Volkslied

75 **Dr Trueberbueb**
Musik: Johann Rudolf Krenger /
Text: Gottfried Strasser

76 **Gilberte de Courgenay**
Musik und Text: Hans in der Gand

77 **Guete Sunntig mitenand**
Musik: Walter Wild / Text: Fredy Schulz
© Walter Wild Musikverlag GmbH

78 **Ich bin ein Schweizerknabe**
Musik und Text: Franz Josef Greith

79 **Ich hatt einen Kameraden**
Musik: Volksweise / Text: Ludwig Uhland

80 **In Grindelwald**
Musik: Johann Rudolf Krenger /
Text: Gottfried Strasser

81 **Kein schöner Land in dieser Zeit**
Musik: Volksweise /
Text: Anton Wilhelm von Zuccalmaglio

82 **Das Kufsteiner Lied (Die Perle Tirols)**
Musik und Text: Karl Ganzer
© 1956 by Eberle Verlag, A-1190 Wien. Der Abdruck erfolgt mit freundlicher Genehmigung

83 **Niene geits so schön und luschtig**
Musik und Text: Christian Wiedmer

84 **Nun ade, du mein lieb Heimatland**
Musik: Volksweise / Text: August Disselhoff

85 **O mein Heimatland**
Musik: W. Baumgarter / Text: Gottried Keller

86 **Rufst du mein Vaterland**
Musik: Henry Carey / Text: Joh. Rud. Wyss

87 **S Guggerzytli**
Musik: P. Weber / Text: S. Meyer
© Walter Wild Musikverlag GmbH

88 **S het deheim e Vogel gsunge**
Musik: Carl Hess / Text: Josef Reinhart

89 **S Landidörfli**
Musik und Text: Robert Barmettler
© Walter Wild Musikverlag GmbH

90 **S Schwyzerländli isch nu chly**
Musik: J.C. Willi / Text: J. Kuoni

91 **Trittst im Morgenrot daher (Schweizerpsalm)**
Musik: Albert Zwyssig / Text: Leonhard Widmer

92 **Un uf der Wält si kener Lüt**
Musik und Text: Volkslied

93 **Von ferne sei herzlich gegrüsset (Rütlilied)**
Musik: Josef Greith / Text: Josef Krauer

94 **Was isch doch o das heimelig**
Musik: Ferdinand Huber / Text: Joh. Rud. Wyss

95 **Wo Berge sich erheben**
Musik: J. G. Laib / Text: L. Widmer

96 **Friesenlied – Wo die Nordseewellen**
Musik: Simon Krannig /
Text: M. Müller-Grählert / F. Fischer-Friesenhausen
© 1963 MUSIKVERLAG HANS SIKORSKI, Hamburg, weltweit. Mit freundlicher Genehmigung Musikverlag Hans Sikorski GmbH, Berlin

97 **Auf, auf ihr Wandersleut**
Musik und Text: Volkslied

98 **Aus grauer Städte Mauern**
Musik: Robert Götz / Text: Hans Riedel
© Voggenreiter Verlag OHG, 53343 Wachtberg (Germany)

99 **Bei einem Wirte wundermild**
Musik: Xaver Schyder von Wartensee /
Text: Ludwig Uhland

100 **Bergvagabunden**
Musik: Hans Kolesa & Hans Gasser
Text: Erich Hartinger
© 1956 by Eberle Verlag, A-1190 Wien. Der Abdruck erfolgt mit freundlicher Genehmigung

101 **Das Wandern ist des Müllers Lust**
Musik: Karl Friedrich Zöllner / Text: Wilhelm Müller

102 **Hans Spielmann**
Musik und Text: Volkslied

103 **Hoch auf dem gelben Wagen**
Musik: Heinz Höhne / Text: Rudolf Baumbach
Mit freundlicher Genehmigung
© Richard Birnbach Musikverlage 1923

104 **Ich geh durch einen grasgrünen Wald**
Musik und Text: Volkslied

105 **Im Frühtau zu Berge**
Schwedisches Studentenlied, deutsche Textfassung: Walther Hensel
© by Bärenreiter-Verlag Karl Vötterle GmbH & Co. KG, Kassel

106 **Mein Vater war ein Wandersmann**
Musik: Friedrich Wilhelm Möller /
Text: Friedrich Sigismund & Edith Möller
© by Bosworth Music GmbH, Berlin. All Rights Reserved. Used by permission of Hal Leonard Europe Limited.

107 **Übre Gotthard flüged Bräme**
Musik und Text: Artur Beul
© Walter Wild Musikverlag GmbH

108 **Vo Luzärn uf Wäggis zue (Walzer)**
Musik und Text: Volkslied

109 **Wem Gott will rechte Gunst erweisen**
Musik: Friedrich Theodor Fröhlich /
Text: Joseph von Eichendorff

110 **Wer recht in Freuden wandern will**
Musik: Gustav Klauer / Text: Emanuel Geibel

111 **Wir sind durch die Welt gefahren**
Musik und Text: Volkslied

112 **Wohlauf in Gottes schöne Welt**
Musik: Volksweise / Text: Julius von Rodenberg

113 **Am Himmel stoht es Sternli**
Musik und Text: Artur Beul
© Walter Wild Musikverlag GmbH

114 **Änneli, wo bisch geschter gsy?**
Musik und Text: Gottfried Bohnenblust

115 **Auf des Munots altem Turme**
Musik und Text: Ferdinand Buomberger

116 **Der Hans im Schnäggeloch**
Musik und Text: Volkslied

117 **Dert äne em Bärgli**
Musik und Text: Volkslied

118 **Du, du liegst mir im Herzen**
Musik und Text: Volkslied

119 **Dur s Oberland uf, dur s Oberland ab**
Musik und Text: Volkslied

120 **Ein Vogel wollte Hochzeit machen**
Musik und Text: Volkslied

121 **Es Burebüebli**
Musik und Text: Volkslied

122 **Es wott es Froueli z Märit gah**
Musik und Text: Volkslied

123 **Griess Gott Bääseli**
Musik und Text: Volkslied

124 **Hab oft im Kreise der Lieben**
Musik: Friedrich Silcher /
Text: Adalbert von Chamisso

125 **Han amene Ort es Blüemli gseh**
Musik: Otto Plötz / Text: Gottlieb Jakob Kuhn

126 **Horch, was kommt von draussen rein**
Musik und Text: Volkslied

127 **Ich weiss nicht, was soll es bedeuten**
Musik: Friedrich Silcher / Text: Heinrich Heine

128 **Im Aargau sind zwöi Liebi**
Musik und Text: Volkslied

129 **In einem Polenstädtchen**
Musik und Text: Volkslied

130 **L'on dit que la plus belle**
Musik und Text: Volkslied

131 **Lili Marleen**
Musik: Norbert Schultze / Text: Hans Leip
© Apollo-Verlag Paul Linke GmbH/Universal Music Publishing GmbH

132 **Lustig ist das Zigeunerleben**
Musik und Text: Volkslied

133 **Mäiteli, wenn du witt go tanze**
Musik und Text: Volkslied

134 **Mues immer de ploogeti Hansli si**
Musik und Text: Volkslied

135 **Muss i denn zum Städtele hinaus**
Musik und Text: Volkslied

136 **My Bonnie is over the ocean**
Musik und Text: Volkslied

137 **Nach em Räge schynt d Sunne**
Musik und Text: Artur Beul
Walter Wild Musikverlag GmbH

138 **O du liebs Ängeli**
Musik und Text: Volkslied

139 **Que sera, sera**
Musik und Text: Ray Evans / Jay Livingston
© by St. Angelo Music / Wixen Music Publishing Inc. – Ruminating Music. Sub: MELODIE DER WE GmbH & Co. KG, Musikverlag, Frankfurt/Main. Abdruck erfolgt mit freundlicher Genehmigung

140 **Sah ein Knab ein Röslein stehn**
Musik: Heinrich Werner /
Text: Johann Wolfgang von Goethe

141 **S isch äben e Mönsch uf Ärde**
Musik und Text: Volkslied

142 **S isch mer alles eis Ding**
Musik und Text: Volkslied

143 **S Ramseyers wei go grase**
Musik und Text: Volkslied

144 **S Träumli**
Musik und Text: Christian Boss
© Edition Helbling AG

145 **Stägeli uf Stägeli ab**
Musik/ Text: Artur Beul
© Walter Wild Musikverlag GmbH

146 **Stets im Truure mues i läbe**
Musik und Text: Volkslied

147 **Tär i nöd e bitzeli**
Musik und Text: Volkslied

148 **Uf em Bärgli bin i gsässe**
Musik und Text: Volkslied

149 **Wenn alle Brünnlein fliessen**
Musik und Text: Volkslied

150 **Wie die Blümlein draussen zittern**
Musik und Text: Volkslied

151 **Wir sitzen so traulich beisammen**
Musik und Text: Volkslied

152 **Zogän am Bogä**
Musik und Text: Albert Jütz

153 **Dr Schacher Seppli**
Musik und Text: Ruedi Rymann
© Walter Wild Musikverlag GmbH

154 **Dr Tyfel isch gschtorbu**
Musik und Text: Peter Reber, Rolf Zuchowski, teilweise traditionell
© Liton Musikverlag

155 **Fuchs, du hast die Gans gestohlen**
Musik: Volksweise / Text: Ernst Anschütz

156 **Hüaho, alter Schimmel**
Musik und Text: Volkslied

157 **I bin ein Italiano**
Musik und Text: Volkslied

158 **Là-haut sur la montagne**
Musik und Text: Joseph Bovet

159 **Myn Vater isch en Appezöller**
Musik und Text: Volkslied
© Walter Wild Musikverlag GmbH

160 **Zwei kleine Italiener**
Musik: Christian Bruhn / Text: Georg Buschor
© 1961 BY EDITION INTRO MEISEL GMBH